# 培养儿童自控力

让孩子管好自己

付小平 著

北京师范大学出版集团
BEIJING NORMAL UNIVERSITY PUBLISHING GROUP
北京师范大学出版社

**图书在版编目(CIP)数据**

培养儿童自控力：让孩子管好自己／付小平著. —北京：
北京师范大学出版社，2015.1（2015.2重印）
 ISBN 978-7-303-18301-2

 I.①培… II.①付… III.①自我控制-儿童教育-家庭教育
IV.①G78

中国版本图书馆CIP数据核字（2014）第284435号

营 销 中 心 电 话　010-58805072 58807651
京师心悦读新浪微博　http://weibo.com/bjsfpub
PEIYANG ERTONG ZIKONGLI
出版发行：北京师范大学出版社 www.bnup.com
　　　　　北京新街口外大街19号
　　　　　邮政编码：100875
印　　刷：北京京师印务有限公司
经　　销：全国新华书店
开　　本：170 mm×240 mm
印　　张：18
字　　数：257千字
版　　次：2015年1月第1版
印　　次：2015年2月第2次印刷
定　　价：38.00元

策划编辑：谢雯萍　　　　　责任编辑：王艳平
美术编辑：袁　麟　　　　　装帧设计：红杉林文化
责任校对：李　菡　　　　　责任印制：陈　涛
营销编辑：张雅哲　　　　　zhangyz@bnupg.com

# 科学养育，才是真正的"起跑线"

张思莱 ①

2014 年上半年，我曾收到付小平博士的一本亲子教育新作——《陪孩子一起幼小衔接》。虽然我的女儿早已长大成人、结婚生子，但是当我读完之后也颇有收获。因为我的大外孙比他的女儿大一点，也已经上小学，每天基本上都是我负责接送。

曾经看着自己的外孙从幼儿园上到小学，回过头来再对照付博士的这本书，发现他的总结很到位。最让我欣赏的一点就是，他把很多心理学和教育学的理论知识跟自己陪伴女儿的心路历程结合得非常好，读来并不觉得晦涩。

最近去北京参加新浪"育儿盛典"的年度高峰论坛，刚好碰见他。他告

① 张思莱，原北京中医药大学附属中西医结合医院儿科主任、主任医师，原卫生部"儿童早期综合发展项目"国家级专家，中国少年儿童基金会"陪伴成长"项目特聘专家。在全国妇联儿童工作部与中国家庭教育学会共同主办的 2014 年全国评选中，荣获"中国百佳传承好家风的好爸好妈"荣誉称号。著有《张思莱育儿手记》孕、产、0～1岁分册和1～4岁分册，《张思莱谈育儿那点事儿》，《张思莱育儿微访谈》养育分册、健康分册等。

诉我，自己又有一本新书出版，希望我能为他作序。当时就毫不犹豫地欣然应允。当我看到书稿时，令我没想到的是，他这本书涉及很多神经科学和心理学理论。不过，我已经出版的几本书里面也都写过很多跟婴幼儿心理相关的话题，所以对他这本书里面引用的理论都还比较熟悉。

然而，我还是有一点顾虑，那就是普通的读者是否都能看明白这些略显枯燥的理论，毕竟他们大都不是专业人士。当看到付博士在自序里的一句话——"科学育儿才是硬道理"，我突然发现自己的顾虑其实是多虑。

我非常赞成他的这句话。自从我通过微博在网上为很多家长答疑以来，每天都会收到成百上千的问题。其中既有如何养孩子的困惑，也有怎么教育孩子的烦恼。但是，无论遇到什么样的问题，我都会采取科学的态度对待，力求给家长们正确的解答，避免误导他们。即使偶尔碰到自己不太确定的问题，我也会自己先查阅相关书籍或具有可靠来源的文章。

回答了很多问题之后，我干脆就把自己这么多年来在微博上积累的各种问题和解答进行梳理，查阅更多文献后整理成两本书——《张思莱育儿微访谈（健康分册）》和《张思莱育儿微访谈（养育分册）》，于 2014 年 8 月正式出版。其实，我也是希望通过这两本书，倡导家长们要进行科学养育。

现在的年轻家长，高学历居多，只要认真阅读，像这样带有科普性质的育儿图书完全能够看懂。这样的书籍或文章，或许不如看那些"鸡汤"文章来得酣畅淋漓，但一定能带给大家更多帮助，也能让孩子们更受益。

"不能让孩子输在起跑线"，这是一句家长耳熟能详的流行语。既有赞成的人，当然还有更多反对者。其实，真正的起跑线，并不是孩子多学了多少知识和技能，而是他们养成了怎样的习惯和品行。

所以，我认为，家长的科学养育，才是孩子真正的"起跑线"。而书中探讨的儿童自控力培养，确实需要家长具备一定的神经科学和发展心理学知识，才能真正做好。

　　如何培养儿童自控力，真正让孩子管好自己，付博士在书中深入浅出地进行了追本溯源，同时又提供了很多实用的操作方法和发人深省的真实案例。真诚地向大家推荐这本科学性与实用性俱佳的育儿图书，为家长的科学养育助一臂之力。

# 孩子管好自己，家长才能省心

就在本书写作的过程中，有一天，我的微博突然收到这样一条留言："在孩子很小的时候，我不懂得幼教，只是盲目地给予孩子爱与自由。现在孩子5岁半，当不被满足时脾气很大，难以自控，甚至对我拳打脚踢。我努力克制自己，不跟她对抗，冷处理，然后讲道理，她能接受。但是，下次还是这样，我痛苦到极点，我知道我错了，但该如何做，如何改进？"

其实，遇到类似困惑的年轻父母还有很多。在孩子很小的时候，父母由于对"爱与自由"的盲目推崇，导致孩子成长到一定阶段后，并不具备相应的自我控制能力。一旦孩子的要求或欲望不能得到及时满足，他们轻则大哭大闹，重则对父母拳打脚踢。

而要回答这位家长的问题，真不是简单几句话或者一篇短文就可以收立竿见影之效的。关于自控力的话题，虽然我在去年出版的《陪孩子一起幼小衔接》一书中做过专题探讨，但限于篇幅，也只能浅尝辄止。

当完成这本书的写作之后，我才真正体会到，培养儿童自控力确实是一项系统工程，最好从孩子出生以后就开始。与其让孩子很早就掌握很多知识和技能，不如趁早培养孩子的良好习惯和健全人格。如今已有很多研究表明，自控力比智商更有助于学习能力，比情商更有助于社会交往。

## 自控力，就是孩子自我成长的"秘密武器"

从认知神经科学和发展心理学的最新研究来看，把自控力比作孩子自我成长的"秘密武器"，应当是名副其实的。但这一点却没有被很多家长深刻认识到，当然，更多人的困惑还在于，他们压根就不知道如何着手培养孩子的自控力。

几年前，也就是我的女儿伊伊三四岁时，我就开始认真观察她与几个经常一起玩的孩子的行为表现。其中的一些细节引发了我的极大关注和深入思考。

比如，每次带伊伊到外面玩的时候，只要事先跟她说好几点钟回家或者过多久就回家，她基本上都能做到，不用大人苦口婆心地劝说。但几乎每一次，我都能看到这样的场景：一边是家长求爷爷告奶奶似的哀求孩子早点回家，另一边却是孩子"两耳不闻窗外事，一心只顾自己玩"。

后来我又注意到另外一件事情。我们所居住的小区里有一条步行街，每天都有很多小朋友到步行街玩。这条几百米长的步行街两边，有一些小商家入驻，部分商店外面安装了孩子们最喜欢的"摇摇车"。大多数时候，我们也会让伊伊去坐"摇摇车"。不过，我们从小就给她养成了一个很好的习惯，那就是"一天只能坐一次"，所以，当她坐了一次以后，就会自动下来，不会吵着再坐一次，绝大多数时候都是如此。然而，我也经常看到这样的一幕，部分小朋友坐完一次以后总是会嚷嚷着再坐一次，大人欣然应允。当坐完第二次后，他们又开始耍赖，一定要再玩一次。大人拗不过孩子，只好迁就他们。更有甚者，还会一连坐上好几次，才肯善罢甘休。

其实，类似这样的"熊孩子"，可以说在我们的日常生活中比比皆是。去超市购物，总会看到有些孩子买了这还要那，稍不如意就倒地撒泼；到餐厅吃饭，总会看到有的孩子自顾自地玩手中的玩具，身旁正守着几个大人给他喂饭；到游乐场玩，总会看到一些孩子动不动就对其他孩子横眉冷对，甚至拳脚相加。

虽然那些所谓的"熊孩子"各有各的"熊样"，但是，根源问题往往都一样——缺乏基本的自控力。因为无法控制自己的欲望和要求，所以就会"及时行乐"，稍不满足就对家长软硬兼施；因为不能控制自己的情绪和行为，所以就会乱发脾气，稍不如意就对别人使用"武力"。

## 爱与管教相伴才是真爱，自由与规则并行才有真自由

"爱与自由"，是目前很多亲子教育书籍和言论中备受推崇的教育理念，也受到很多年轻父母的追捧。但我发现，很多家长对这些教育理论和理念的理解有很多偏差，甚至还不由自主地滑向天平的另一端，就是要给孩子充分的自由，为了确保自由，孩子可以随心所欲。

其实，对于任何人来说，自由都是相对的，也是建立在一定的秩序和规则基础之上的，孩子也不例外。身处一个由数十亿人组成的人类社会，我们从来都只有相对的自由，而没有绝对的自由。

因为对"要给孩子自由，要尊重孩子"的误解，所以导致了部分家长对孩子的过度溺爱：只要是孩子的要求，家长就会尽量满足，而不考虑这个要求是不是合理；如果孩子犯了错误，即使是涉及做人的根本，家长也是好言相劝而不予批评或惩罚；如果孩子在学校受到批评，家长总是先挑学校和老师的毛病，而不是考虑自己孩子的问题。

到最后，甚至演变为，不愿意让孩子受到任何委屈，希望孩子能够在最好的环境里得到成长：有无限的爱、有绝对的自由、每个人都对孩子万分尊重，等等。

遗憾的是，这样的生活环境，到哪里都是镜中花、水中月。对于所有人来说，所处的社会大环境都是一样的。这个复杂的社会环境，不会单独为了某个孩子而发生任何变化，社会上几乎没有人是只肯全心付出、不求任何回报的。

孩子的成长，当然离不开自由和宽松的环境，也离不开自我成长和自己做主的机会。在孩子的成长过程中，我们要学会不断对孩子放手，让孩子自我成长。但是，放手并不是撒手，更不是放任自流。没有任何约束的自由必将演变为宠溺，娇生惯养的孩子基本上都没有受到什么约束。

美国教育家希利尔在《培育孩子》一书的序中说过这样一句话："纵容孩子不仅显得家长没有能力，更是一种不可饶恕的罪过。这些家长要么不知道管教的重要性，要么是懒于管教。"这绝不是危言耸听，那些曾经走过弯路的家长一定对此深有体会，正如那位给我微博留言的妈妈一样。

顺应孩子的天性，尊重孩子的选择，并不是彻底放弃管教和规则。爱与管教相伴，才是对孩子的真爱；有约束的自由，建立在规则基础上的自由，才是真正的自由！

## 6 岁前用心，6 岁后省心

人生之路很漫长，如果在一开始就没有得到正确的指引，孩子们就可能走错方向，越往前走，就会越危险。直到有一天，当我们意识到他们走错了方向，试图扭转局面、让孩子重新来过时，我们才会发现这似乎比登天还难。

我一个朋友，小孩已经上小学，她非常推崇自由教育观念，很尊重孩子，从来不会大声对孩子说话，更不要说批评孩子了。即使孩子不听话或者犯了错，一律轻言细语跟孩子讲道理。家里的大人都很有耐心，为了让孩子好好吃饭，可以耐着性子跟孩子说上半个小时甚至一个小时的道理，然而到最后往往还不起任何作用。

同时，对于这个孩子来说，家里没有太多规则和约束，几乎是想干什么就可以干什么，比如吃饭时可以随便玩，上学可以任意迟到，上课可以随意走动，跳舞可以随时休息。也许，在孩子眼里，从来就没有规则和约束的概念。

但是，在孩子即将面临"幼升小"的时候，家长开始意识到继续这样下去，孩子一定会适应不了小学的学习和老师的要求。当家里的大人试着改变教育观念和教育方法时，却发现，即使偶尔采用打骂这种极端的方式，孩子的很多陋习都难以改变，很多问题也难以解决，很多方向更难以扭转。

当然，培养孩子的自控力是需要把握好时机的，更要符合孩子的身心发展规律和特点。教育的机会，一旦错过，我们就永远无法弥补，即使可以补救，往往也难以达到最好的效果。

每次在面向学龄前孩子家长的讲座结束之前，我总会跟大家分享一句话："6岁前用心，6岁后省心；6岁前省心，6岁后操心。"其实，这是我两年多前在微博上分享给家长的一句话。

那个时候，伊伊差不多也快满6岁。而这个总结，也正是源于我在三四年前开始留意观察她和身边一些孩子的深刻感悟。目前，伊伊已经进入小学二年级的阶段，随着她的逐渐成长，她在各个方面的表现也已充分印证了这句话。

其实，在6岁前，最需要家长用心的地方，就是培养孩子的自我控制和自我管理能力，换句通俗易懂的话说，就是要让孩子管好自己。一旦孩子具备了自我管理的能力，到了6岁以后，家长就会越来越省心；反之，家长只能越来越操心，并且很多方面都可能事倍功半。

## 给家长的忠告，科学育儿才是硬道理

专门从事儿童教育和家庭教育的研究和培训工作这几年来，我有一个很大的体会，就是现在跟家长谈论育儿这个话题，有时候真的很让人为难。如果我们反对某个观点或做法，家长就容易矫枉过正；如果我们倡导某些理念和方式，家长又容易走入极端。当我们试图转变家长观念时，他们往往对方法比较感兴趣；当我们提供具体案例和做法时，他们又觉得不适合自己的孩子。

导致这些现象的原因有很多方面，但我认为最主要的原因就是家长缺乏基本的儿童心理学常识，所以他们也就无法透过现象看本质，更不能活学活用。而孩子的自控力发展，就涉及很多理论和研究结果。因此，作为家长，我们还得适当了解一些认知神经科学和发展心理学的基本知识。

当然，在如今这个人人都是自媒体的便捷时代，也有少数所谓的"教育专家"或者"心理专家"，为了博得更多人的关注甚至是顶礼膜拜，在不遗余力地通过自己的平台，用一些无比打动人心的口号或者非常吸引眼球的标题，误导很多年轻家长。身处这样一个价值观多元的时代，关于教育孩子的各种观点和理论层出不穷，如果没有掌握一定的理论知识，没有自己的独立思考和判断，我们就很容易人云亦云，随波逐流。

因此，我想借此机会奉劝大家，当你们看够了那些貌似醍醐灌顶的"心灵鸡汤"以后，真的需要静下心来认真读一读那些基于理论研究成果和科学育儿知识而写的文章或者图书。

也许大家会觉得很多心理学理论太深奥，读起来很枯燥，似乎并不实用。身处一个快节奏的信息化时代，很多人都喜欢采用"短、平、快"的阅读方式，最好是拿来就能马上使用，用了就能立马见效。其实不管做任何事情，我们不仅要知其然，最好还要知其所以然，教育孩子更应如此。唯如此，我们才能真正做到融会贯通，而不是盲目照搬。只有这些理论才能告诉我们"为什么"，也只有理解了这些"为什么"，我们才能真正明白"究竟应该怎么做"。因此，科学育儿才是硬道理。

这本书的主题聚焦于"儿童自控力"这个很多人都不熟悉的领域，毕竟目前国内外都鲜有这方面的亲子教育图书问世。书中不可避免地引用了很多经过科学验证的理论和研究成果，不过，我已经尽最大努力做到精练和朴实。

当然，这本书从总体上来看，仍然沿袭了我前三本书（《陪孩子一起上幼儿园》《把孩子温柔地推开》《陪孩子一起幼小衔接》）的写作风格，并未采用传统的章节式写法，而是把心理学和神经科学的理论融入一些真实的案例和故事中，通过亲切、平和的方式娓娓道来。

希望这本书的面世，能引起更多家长和教育工作者对儿童自控力的重视，并付诸实践。最终受益的必将是那些我们都深爱着的孩子！

付小平

2014年11月28日于上海

第一篇　**自控力，让孩子管好自己的"秘密武器"**

对于孩子，自控力比智商更有助于提高学习成绩，比情商更有助于社会交往。从这个角度来看，自控力就是孩子自我成长的"秘密武器"，虽然我们看不见、摸不着，但时时处处都在影响孩子的成长和发展。

早期教育的一个重要目标就是让孩子发展起自律和自控，能主动控制自身行为以符合主观的价值观、期望、标准和规则。

## 身心发展，让孩子管好自己的情绪

自我管理是社会化的基础，它和所有的发展领域都有联系，如生理、认知、社会化和情绪等。

管理情绪的能力，既影响社会能力的发展，又是衡量自控力的一项重要指标。但情绪控制能力的发展离不开孩子的身心发展这块基石。一般来说，在儿童中期，孩子就可以通过一些方法和策略更有效地控制和调节情绪，6 岁以后的孩子已经可以逐渐学会管理自己的情绪。

 ## 社会性发展，让孩子管好自己的行为

社会性发展指的是儿童获得社会中年长成员所认为的那些重要和适宜的观念、动机、价值观以及行为的过程。自我控制能力培养是儿童社会性发展的重要任务之一。

社会性发展成熟的标志就是个体已经学会了自律，能从情感、认知和行为等方面依据已经内化的道德原则和社会规则行事，而不是根据本能和快乐原则行事。能管好自己的行为，是自我控制的最高级的表现形式。

**管好自己这八件事，孩子才能更好地自我管理**

当孩子的行为和情绪从以外部控制为主转变为以内部控制为主时，就标志着他的自我控制能力已经具备。一个自控力发展比较好的孩子，才能更好地对自己的情绪和行为、生活和学习进行自我管理。

2岁左右的孩子开始表现出初步的自我管理，能控制自己的行为以符合大人的要求或期望。对于大多数孩子而言，自我管理的全面发展至少要到3岁时才开始。

**父母做好这十件事，孩子才能更好地自我控制**

父母回应孩子行为的方式影响着孩子自我控制能力的发展。那些使用积极的纪律约束策略、使用权威的行为管理方式的成人，更容易培养孩子的自控力，因为他们使孩子参与到了积极的认知过程中。

管教之中需要有智慧的爱相伴，规则之中需要有适度的自由并行。这样的管教才能得到孩子的自发尊重，如此的规则才能得到孩子的自觉遵守。

第一篇

# 自控力，让孩子管好自己的"秘密武器"

对于孩子，自控力比智商更有助于提高学习成绩，比情商更有助于社会交往。从这个角度来看，自控力就是孩子自我成长的"秘密武器"，虽然我们看不见、摸不着，但时时处处都在影响孩子的成长和发展。

早期教育的一个重要目标就是让孩子发展起自律和自控，能主动控制自身行为以符合主观的价值观、期望、标准和规则。

人之所以成为人，是因为大脑有自控力中枢，可以控制自己的感情和欲望。"熊孩子"的症结就是缺乏基本的自控力。自我控制就是个体对自身情绪和行为的主动掌控。

# 1. "熊孩子"究竟"熊"在哪儿

在一次面向0到2岁孩子家长的育儿讲座上，我在讲到如何跟孩子建立安全型依恋关系时，建议父母要对孩子的生理和心理反应进行敏感的回应，尽量满足孩子的一切要求。由于时间关系，我没有强调从1岁多开始还需要关注孩子的规则意识和自控力的培养。

过了一段时间，我在自己的读者QQ群里跟群友们一起讨论如何给孩子定规矩这个话题时，提到从1岁半到2岁左右开始需要逐步给孩子建立适当的规则。没想到，一位曾经听过我那场讲座的妈妈立即向我抱怨："付老师，您在讲座时不是说过2岁之前要满足孩子的一切要求吗？这样才有利于安全型依恋关系的建立。给孩子定规则，很多时候就是在拒绝孩子的要求啊！"

其实，存在类似这样的认识误区的年轻家长可能还有很多。究其根源，一方面，是因为他们缺乏基本的儿童心理学知识，对孩子的身心成长规律不太了解；另一方面，则是因为他们的独立思考和判断能力不够，常常对育儿讲座或图书上的内容一知半解。

## 所谓的"熊孩子"，几乎无处不在

如果我们经常逛超市或商场，经常去饭店用餐，或者到其他一些公共场所，比如幼儿园和小学，那么要看到下面这一幕幕场景也不足为奇：

（1）一个4岁的小女孩坐在餐桌边，一边是自己不停地玩着手中的芭比娃娃，一边是大人在非常耐心地给她喂饭。一两个小时下来，孩子根本就没有吃上几口。要是有人胆敢把她的玩具拿走，说不准她就会把桌上的餐具一股脑扔在地上。

（2）一个5岁的小男孩正躺在超市的地上大哭大喊："我就要奥特曼！我就要！你们赶快去给我买！"其实，购物车里面早就已经放好了一辆孩子最喜欢的玩具小汽车。

（3）一名6岁的幼儿园大班孩子，总是动不动就出手打人。不是故意把别的孩子推倒在地，就是对其他孩子挥拳相向。家长不得不经常向老师道歉，跟其他家长赔不是。

（4）一名7岁的小学生，在课堂上总是坐不住，一会儿东倒西歪，一会儿交头接耳。老师讲的内容他没有完全掌握，回到家作业不会做。家长已经多次接到老师的反馈电话和短信。

……

类似这样的情况，每天都会在不同的地方，尤其在那些自我控制能力不足的孩子身上不停上演。对于这样的孩子，目前社会上流行一个词来形容——"熊孩子"①。

## 缺乏自控力，才是"熊孩子"的根源

前面列举的这些"熊孩子"的一言一行，其实就是他们缺乏自控力的典型表现。再进一步归纳，"熊孩子"的行为表现主要集中在以下两个方面：（1）动不动就发火；（2）动不动就动手。前者主要是情绪控制不好的表现，后者主要是行为无法控制的表现。

我们经常看到的极端自我中心、非常任性、乱发脾气、注意力不集中、不能忍耐和坚持、无法克制冲动行为等情况，基本上都是自我控制能力不够所导致。无论大人还是孩子，追根溯源，这些行为大都在3岁之前就已经萌芽。

通俗地讲，自我控制就是个体对自身情绪和行为的主动掌控。但究竟自我控制的准确定义是什么呢？其实，至今为止，心理学界仍无一个公认的自我控制的定义。不同理论流派的心理学家在各自的研究中，也经常使用不同的概念和术语，例如冲动控制、顺从、自我控制、自我调节、抑制性控制等来表达。

美国心理学家克莱尔·考普认为，所谓自我控制（self-control），是一个复杂的心理结构，反映了个体自主地调节行为，使个人价值和社会价值相协调的能力，这种能力具体体现为：遵照要求行事；根据情境要求引发或终止行为；在社会和教育环境中调整言语和动作的强度、频

---

① 本书中使用这个词，没有任何贬义，只是便于读者理解。

率和持续时间；根据期望的目标延缓行动；在没有外在监督的情况下采取为社会所接受的行为方式。

儿童自我控制能力培养是儿童社会性发展的重要任务之一。克莱尔·考普认为自控能力的获得是儿童早期发展的一个重要里程碑，并将对个体今后的发展产生深远的影响。心理学界已有很多研究成果验证了这个结论：

（1）美国有一项针对中产阶级家庭背景的幼儿的纵向研究发现，幼儿期自我控制能力发展与小学低年级时的学习成绩和社会交往能力是有密切关系的，具体表现为：早期自控力好的孩子更容易形成或保持友谊；在学习生活上更能保持很强的自愿控制，也更喜欢上学；老师对他们的坚持性和抵制分心能力的打分也较高。

（2）心理学家米歇尔等人的一项追踪研究发现，4～5岁时能延迟满足的儿童，到青春期时父母对其学业成绩、社会能力、应对挫折和压力等方面有较好的评价，进入大学前的学业倾向测查中SAT（学术水平评估测试，俗称"美国高考"）得分也较高。

（3）朗根费尔德等人的研究发现，自我控制能力与语文、数学和其他学校行为有强相关性，即便是控制了被试的社会经济地位，这种相关仍然非常显著。

这些研究表明，自我控制能力是儿童的一项重要能力。缺乏自控力，不仅会导致儿童早期的许多问题行为，比如攻击行为、注意力缺陷、多动症等，而且也是诱发一些诸如吸毒、酗酒、暴力、青少年怀孕等社会问题的根源。对于后者，我们可以把这些"熊孩子"归到"高风险孩子"的行列。

## 人之所以成为人，是因为拥有自控力中枢 ①

随着认知神经科学的快速发展，人们对大脑的结构和发育情况逐渐有了更多的认识。这也从理论方面为自控力的研究提供了科学依据。

人类的大脑分成三部分，分别是"脑干"、"大脑边缘"、"大脑皮质"。最早形成的是第一层的脑干，这是最原始的脑的类型，相当于爬行类动物的脑。它在维持生命、繁殖等方面发挥重要作用，是低等动物掌握食欲、性欲、群居、战斗、逃跑等的司令部，是支配动物冲动行为的中枢。

接着，在脑干之上形成大脑边缘，相当于鸟类和低等哺乳类动物的脑，是冲动（动情）的中枢，支配不安、恐惧、愤怒、爱憎、嫉妒等动物性的感情，然后发布行动命令。假设有对手侵入了自己的"地盘"，大脑边缘随即产生强烈的愤怒情绪，同时发出"把它赶出去"的行动命令。实际上这就是使人类冲动时"动辄发火"的根源。

最后，形成最上层的大脑皮质，进化到高等哺乳动物的阶段。大脑皮质中保存了与人类出生以来获得的知识相关的记忆。这种记忆与知性（智力活动）或理性（善恶的判断）有关。通过将司令部转移至大脑皮质，人类可以很好地掌控或抑制由大脑边缘的感情所产生的冲动行为，还可以进行理性的判断，采取冷静的行动。在人类的感情中，欢喜、悲哀、惊讶或者幸福感等高级的感情，不是由冲动中枢——大脑边缘支配，而是由理性中枢——大脑皮质所管理和支配。

日本医学博士国米欣明在《培养有自制力的孩子》一书中进一步提

---

① 本部分主要根据日本医学博士国米欣明所著《培养有自制力的孩子》一书的相关内容整理。

出，对自控力起到特别重要作用的是大脑皮质层的前额区的一部分"眼窝前额皮质"。发现这一点的是美国的脑研究者，他们的研究成果也被联合国儿童基金会采用。

由于"眼窝前额皮质"的发达，大脑皮质的理性命令传达到大脑边缘，抑制愤怒、仇恨、嫉妒等情绪的爆发，控制自己不要有直接的暴力行动。更重要的是，大脑皮质和大脑边缘之间，没有直接发挥抑制作用的突触（神经接合），所有的控制频道都经由这个"眼窝前额皮质"的频道（神经接合）。所以，人们认为这个"眼窝前额皮质"是抑制冲动的攻击行为的"自控力中枢"。

早期教育的一个重要目标就是让孩子发展起自律和自控，能主动控制自身行为以符合主观的价值观、期望、标准和规则。3岁前是培养孩子自控力的关键期。

## 2. 培养自控力，抓住关键期

早期教育的一个重要目标就是让孩子发展起自律和自控，能主动控制自身行为以符合主观的价值观、期望、标准和规则。不过，2岁以下的婴儿还不完全具备自控的能力，但在1岁多到2岁左右，这种自控能力就开始有所萌芽。有研究表明，一个2岁的孩子在被允许触摸某件物品之前能够单独等待4分钟左右。

从已有的心理学和认知神经科学的研究成果来看，3岁前，是培养孩子自控力的一个关键期。这一点与婴幼儿的大脑发育及身心发展规律和特点密切相关，因为无论心理学还是教育学，目前几乎都公认3岁前是孩子一生发展的重要时期。这也正好印证我们的一句古话，"3岁看大，7岁看老"。

## 出生后的前三年，影响孩子的一生

认知神经科学和心理学的最新进展，让人们越来越意识到早期经验对人一生的长久影响，比如关键期理论、敏感期理论。大脑发育的黄金期是在6岁之前，尤其是出生后的前三年。

联合国儿童基金会在《2001年世界儿童白皮书——幼小孩童的关怀》中，对0~3岁的重要性进行了很多阐述：

"孩子人生中最开始的时期，即从出生到3岁，这个时期所发生的事情会一直影响到他今后的孩童生活和青年时期的生活。但是，这么重要的时期在国家的政策、项目安排以及预算方面却一直没有得到应有的重视。"

"孩子在3岁的时候基本完成了脑部的发育。在许多成年人明白发生了什么事的时候，新生儿的脑细胞早已增殖，其突触（神经元之间的接触部）的结合也急速扩大，奠定了一生的基本形态。在短短的36个月中，孩子学会思考、说话、学习、判断，拥有了今后作为成人的价值观以及社会行为的基础。"

"在出生的瞬间以及随后数月数年之中，幼小的孩子在其生活中所经历的一切，包括接触、行为、情绪等都在脑内变换成具有爆发性的电子的、化学的活动，脑内的数十亿细胞形成网络，由数兆的突触连接。孩童时代初期，与父母、家人及其他成人之间的接触经验和对话会对孩子的大脑发育产生影响，其重要性如同充分的营养、健康干净的水等。这一时期孩子如何成长会直接决定他今后在学校的学习成绩，并且左右其青年时期及成年以后的性格。"

在我看来，一个人的早期发展就像一座建筑的地基构造，决定了人生的长宽高。因此，在3岁之前，我们既需要重视孩子的生理和心理发展，更需要重视他们的情绪和社会性发展，尤其是自控力的发展。否则，当孩子进入幼儿园或者中小学以后，早期的"豆腐渣"工程将会在面临大风大浪或地震海啸的冲击时轰然倒塌。

## 自控力早期发展的五个阶段 [①]

美国心理学家克莱尔·考普对自我调节的发展做过许多研究，认为儿童早期身心发展变化是自控能力发展的基础，并提出了与儿童身心发展水平相对应的五个发展时期：

（1）神经生理调节时期（0~3个月）。由于中枢神经系统没有发育成熟，孩子的生理机制保护着他免受过强刺激的伤害，因此很多外部刺激不被加工。在该阶段，虽然照看者对婴儿日常生活常规的安排等外部因素对自控能力发展有一定的促进作用，但婴儿的生理成熟是自控能力发展的重要因素。

（2）感知运动调节时期（3~9个月）。儿童能够从事一些自发的动作活动，并能根据环境变化来调节自己的行为。在与环境的相互作用中，儿童逐渐学会了通过他人的行为来区分自己的行为。

（3）（外部）控制时期（1岁左右）。随着语言和动作的发展，儿童开始能够识别照看者的要求，并抑制自己的行为。这种能明确意识到照料者的希望和期望，并且能自愿地遵守简单的要求和命令的顺从（compliance）行为是儿童最初自我控制行为的萌芽。

---

① 本部分主要根据华东师范大学叶小红的博士论文《幼儿自控能力发展与培养的研究》的相关内容整理。

（4）自我控制时期（2岁左右）。该阶段，由于儿童的心理表征能力的萌发，开始能够运用符号来代表物体，这使他们能够在没有外部监控的情况下服从照看者的要求，并根据他人的要求延缓自己的行为。

（5）自我调节时期（3岁左右）。这个阶段，儿童获得了关于自我统一性和连续性的认识，开始把自己的行为与照看者的要求联系起来，这使他们有可能在产生新动机的情况下，依然能对自己的行为进行自我调节。

从克莱尔·考普所提出的自控能力发展轨迹看，儿童早期自我控制能力发展主要经历了由外源性控制（例如照料者对儿童需要和特点的敏感性、日常生活常规、亲子关系的质量、亲子互动中固有的言语交流等）向强调儿童内在因素的内源性控制（如语言和认知等）转变。

也就是说，在儿童的动作、认知和语言尚没有充分发展之前，对行为监督的责任是由成人承担，成人通过"命令"或"制止"等他控手段，帮助儿童辨别行为后果的危险性，提醒儿童没有记住的行为规则，并使他们逐渐理解和内化社会规则。当儿童的语言发展使他们能够理解规则所包含的意思，记忆发展使他们能记住成人的要求时，对行为进行监督的责任就可以由儿童自己来承担。通过预料行为后果，儿童将自身行为与内在准则进行对比，进而能对自己的行为进行调节。

## 3 岁前，是自控力中枢发育的关键期 [1]

认知神经科学的相关研究表明，在大脑的发育中，针对某种功能会有个临界期。也就是说，过了这个时期，发育几乎就会停止。美国的研

---

[1] 本部分主要根据日本医学博士国米欣明所著《培养有自制力的孩子》一书的相关内容整理。

究者认为，"眼窝前额皮质"的发育临界期是3岁之前，特别是出生之前到出生后2岁半左右是发育最快的时期。过了临界期的3岁以后，"眼窝前额皮质"几乎就不再发育。但这个临界期跟孩子的智力发育没有任何关系，而且智力发育也不存在临界期。

3岁前，大脑自我抑制系统的这个中枢必须完成构建。如果错过这个时机，以后再建是非常困难的，以至于一生都会受到影响。3岁后，掌管记忆力、判断力等功能的重要新皮质发育很迅速，大脑的发育重心也会转移至此。新皮质里会蓄积大量的记忆（知识），孩子需要用这些知识与周围的人建立关系，用完成的自我抑制系统适当控制大脑边缘的冲动行为，独立适应家庭和社会的日常生活。

因此，3岁前的早期教育，并不需要学习多少知识和技能。这个阶段，孩子的主要任务就是玩耍和游戏，尤其是与同伴之间的玩耍。在集体活动中，孩子自然就可以学会如何跟同伴友好相处、学会忍耐、学会合作和互相帮助等。

不论学习成绩多好，学习能力多强，掌握的知识多么渊博，钻研的学问多么高深，如果"眼窝前额皮质"这个大脑自控力的中枢在3岁前没有得到充分发育，都有可能无法控制刹那间的冲动行为。这个研究结果，正好可以解释诸如为什么平时表现很好的药家鑫会在一瞬间用刀刺死被自己撞伤的那名妇女，复旦研究生林森浩会毒死自己的室友等"动辄杀人"的"心理阴暗"之谜。

3岁前，我们需要帮助孩子完成自控力的基本训练：一是让孩子学会放弃；二是让孩子学会忍耐，初步完成自控力的"硬件系统"的构建。

# 3．3岁前，构建自控力的"硬件系统"

孩子的自控力，并非一夜之间就突然冒出来的。如果没有在1岁之前播下自控力的种子，那么1岁以后也就不可能会有萌芽，更谈不上开花结果。如果在3岁前没有构建好自控力的"硬件系统"，那么3岁后也就很难去逐步开发自控力的"应用软件"。即使强行把这些"应用软件"安装上去，也很容易导致"死机"或"瘫痪"等症状。

所以，我们需要从出生开始，就帮助孩子完成自控力的基本训练：一是让孩子学会放弃；二是让孩子学会忍耐，初步完成自控力的"硬件系统"的构建。

## 大脑是自控力的"硬件系统"

人类相比其他动物来说，之所以能控制自己的情绪和行为，主要应该归功于大脑的不断进化。这一点已经得到神经科学领域的很多研究结果的有力支持。过去的十多年里，神经学家发现，人脑像一个求知欲很强的学生，对经验有着超乎大家想象的反应。就像通过锻炼能让肌肉更发达一样，通过一定的训练，大脑中某些区域的密度就会增加，会聚集更多的灰质。

而关于大脑损伤对于自控力的影响，最有名的案例莫过于菲尼亚斯·盖奇的故事。1848年，时年25岁的他是一位铁路领班工人，拥有钢铁般的意志力和体魄，雇主和工人都很喜欢他。有一天，盖奇和工友在用炸药清理一段铁路时，炸药提前爆炸了，冲击波带着一条钢筋插进了盖奇的头骨。钢筋刺穿他的左脸，穿过他的前额皮质，飞到他的身后。

不过，他居然奇迹般地生还了。经过两个月的治疗，盖奇的身体机能完全恢复了。虽然他的外伤痊愈了，但他的大脑却发生了奇怪的变化。他的性格大变，经常粗鲁地侮辱别人，总想去控制别人，极少顺从他人。如果有人限制他，或是和他意见不一，他就会失去耐心。这样的性格跟出事前判若两人。也就是说，他从一个自控力很强的人突然变成一个难以自控的人。当他的前额皮质受到损伤时，他也就失去了控制自己的力量。

越来越多的科学研究表明，通过训练大脑能增强自控力。用一个比较形象的比喻来形容大脑的重要性，人类的大脑就像电脑的芯片，虽然体积不大，但假如质量不过关或零部件缺失，最后一定会影响整体运行或出现局部问题。就像上面提到的盖奇一样，大脑受伤，自控力就差不多完全丧失。因此，从某种程度上说，大脑就是自控力的"硬件系统"。

## 前额皮质，让人类拥有自控力 [①]

现代人拥有自控力，得益于远古时期的人类。那时，人们面临很大的压力，必须努力成为好邻居、好父母、好妻子或好丈夫。但人脑究竟是怎么进化而来的呢？答案是，我们的前额皮质进化了。前额皮质是位于额头和眼睛后面的神经区，它主要控制人体的运动，比如走路、跑步、抓取、推拉等，这些都是自控的表现。

随着人类不断进化，前额皮质也逐渐扩大，并和大脑的其他区域联系得越来越紧密。现在，人脑中前额皮质所占的比例比其他物种大很多。这就是为什么你的宠物狗不会把狗粮存起来养老，而人却会未雨绸缪。前额皮质扩大之后，就有了新的功能。它能控制我们去关注什么、想些什么，甚至能影响我们的感觉。这样一来，我们就能更好地控制自己的行为。

斯坦福大学的神经生物学家罗伯特·萨博斯基认为，现代人大脑里前额皮质的主要作用是让人选择做"更难的事"。如果坐在沙发上比较容易，它就会让你站起来做做运动。如果吃甜品比较容易，它就会提醒你喝杯茶。如果把事情拖到明天比较容易，它就会督促你打开文件，开始工作。

前额皮质并不是挤成一团的灰质，而是分成了三个区域，分管"我要做"、"我不要"和"我想要"三种力量。前额皮质的左边区域负责"我要做"的力量。它能帮你处理枯燥、困难或充满压力的工作。比如，当你想要冲个澡的时候，它会让你继续待在跑步机上。右边的区域则控制"我不要"的力量，它能克制你的一时冲动。比如，你开车时没有看短

---

[①] 参见［美］凯利·麦格尼格尔著，王岑卉译：《自控力》，印刷工业出版社 2012 年版，第 14~15 页。

信，而是盯着前方的路面，就是这个区域的功劳。以上两个区域一同控制你"做什么"。

第三个区域位于前额皮质中间靠下的位置。它会记录你的目标和欲望，决定你"想要什么"。这个区域的细胞活动越剧烈，你采取行动和拒绝诱惑的能力就越强。即便大脑的其他部分一片混乱，向你大叫"吃这个！""喝那个！""买那个！"，这个区域也会记住你真正想要的是什么。

## 3岁前，需要完成自控力的基本训练

3岁前，我们需要帮助孩子完成自控力的基本训练，主要集中在两个方面：一是让孩子学会放弃；二是让孩子学会忍耐。

否则，当孩子的自我意识不断增强、逆反心理开始出现的时候，再进行这些基本训练就更加困难，已经习惯放任自流的孩子不仅不会主动配合，甚至还会奋起反抗。

在"亲密育儿"、"无条件养育"等西方教养观念的影响下，越来越多的年轻家长认为，3岁之前就是要跟孩子建立亲密的亲子关系，就是要尽可能满足孩子的一切要求，就是要让孩子顺其自然地成长。

所以，在这个阶段，根本就没有必要强调规则意识的培养、良好习惯的养成、自我控制能力的发展等方面。否则，可能会因为大人的限制和约束，抑制孩子的个性和创造力发展，甚至还可能给孩子留下童年的心灵创伤。

但是，如果一味地满足孩子各方面的需求和欲望，我们就不能因"龄"制宜地帮助孩子发展自我控制能力。尤其是在3岁前这个关键期内，没有采取必要的教育手段，没有完成自控力的基本训练，就会浪费这段宝贵的时间。而且，3岁之后再"补上这一课"可能会事倍功半，甚至是徒劳之举。

在温室里长大、任何需求都被满足的孩子，既可能丧失婴幼儿时期宝贵的初期学习机会，也可能失去很多重要的情感体验。如果不想满足孩子的无理要求，我们就要学会拒绝，孩子虽然会哭，但他们却学会了"放弃"和"忍耐"；如果不想让孩子肆意妄为，我们就要给孩子定规则，孩子虽然会反抗，但他们却可以明白"这么做是不行的"、"怎么做才是可以的"。

在自控力的基本训练中，既需要父母的爱，更需要父母的智慧。其实，爱也有很多种形式，除了"拥抱的爱"、"温柔的爱"、"宽容的爱"、"支持的爱"、"守护的爱"等，还有"严厉的爱"、"忠告的爱"、"阻止的爱"、"让他放弃的爱"、"让他坚持的爱"等。至于什么时候使用哪种方式的爱，需要父母用育儿智慧去判断。但在抑制孩子的"任性"、"自我中心"的训练中，父母采用坚定拒绝的态度，才能真正让孩子死心。

出生于瑞士的教育家裴斯泰洛奇在《葛笃德怎样教育自己的孩子》一书中这样写道："让孩子明白大自然是不会因为他们的暴力而改变的。比如，孩子敲一块木头或石头，但是木头或石头一点都不为所动。于是，孩子不再去敲。然后，母亲对于孩子的任性要求坚决不答应，即使孩子大叫大嚷气急败坏也丝毫不为所动。孩子就会停止叫嚷，慢慢学会让自己的意志服从妈妈的意志。忍耐的萌芽、服从的萌芽就这样养成了。"[1]

---

① 引自［日］国米欣明：《培养有自制力的孩子》，漓江出版社2011年版，第59页。

教养贴士

从大脑的发育阶段来看，1岁前是进行放弃训练、为自控力播种的最佳时期。让孩子学会放弃，可以从喂奶开始，也可以利用绘本学会对孩子说"不"，还可以利用身体语言让孩子学会自动停止。

# 4. 学会放弃，播下自控力的种子

从大脑的发育阶段来看，1岁前是进行放弃训练、为自控力播种的最佳时期。因为这个时期，孩子的记忆力还不是十分发达，需求没有得到满足的情况不会延续到记忆中去，心灵也不会受到伤害。

对于婴幼儿阶段的孩子来说，他们的很多需求和欲望大都是源于生理和心理的本能。这是否意味着父母就应该完全满足这个阶段孩子的一切要求呢？我们是否应该在1岁之前的这个萌芽期为孩子播下自控力的种子呢？

## 1岁前，需要为自控力播种

确实，尽可能满足婴幼儿的生理和心理需求是现代育儿理念的通行做法，我也非常赞成。即便如此，我们还要知道，婴幼儿的需求和欲望是冲动性的，他们是无法自己控制的，而随着身心的不断发展，还会无限增大。对于还不具备自我控制能力的孩子来说，需要适当借助外部的力量进行控制。

奥地利的心理学家维尔海姆·史戴克在他的一本著作中，从精神分析的角度给出了明确的解答："婴儿的欲求，你越是满足他，他的欲求就越升级，无限地增加，绝没有满足的时候。为什么呢？因为婴儿的心中自我抑制机制还不发达，所以，需要外界给他的欲望加以必要的限制，这种限制也是越早越好。婴儿会借此学会放弃，学会满足。"①

对于婴幼儿不当的需求或者过度的要求，不要无限地满足孩子，需要在某个地方停下来，让他"死心"。我们要让孩子在早期就逐渐学会放弃，尤其是1岁前。当然，我们不能像对待大一点的"任性"或"自我中心"的孩子那样，采取断然拒绝的态度和方式。

毋庸置疑，1岁以内的孩子最需要的就是父母的爱、敏感的回应、积极的关注等。当孩子浸泡在爱的世界里，再适当引导孩子学会放弃，父母这种"温柔而坚定"的态度，孩子才能感受到。我们才能使孩子大脑中的自我抑制系统逐步建立。

其实，这种训练就是让孩子在不得不死心的情况下，学会合理地放弃自己的需求和欲望，需要在日常生活中反复进行。学会放弃，接受现实，就需要孩子的一点忍耐。这也是延迟满足能力训练的萌芽。不断重复这种放弃训练，在孩子的大脑中就会逐渐形成强有力的控制系统。

这种宝贵的初期学习和体验的机会，父母不要让孩子轻易错过。从1

---

① 引自《培养有自制力的孩子》，第17页。注：此处的"婴儿"一词，原文翻译为"乳儿"。

岁开始，孩子的记忆力越来越发达，自我意识逐渐发展，独立意识和能力得到增强，3岁左右还会迎来人生第一个反抗期。越到后面，我们就越难让孩子学会放弃。

## 从喂奶开始，让孩子学会放弃

可能很多人会觉得，喂奶这件看上去再普通不过的小事，怎么可能跟孩子的自控力扯上关系呢？宝宝出生后的第一件事就是找妈妈要奶喝。妈妈给孩子喂奶这个行为本身，似乎同培养自控力这件事八竿子打不着，但无论是母乳喂养还是人工喂养，选择不同的喂奶方法，却会对孩子自我抑制系统的发育产生不同的影响。

从喂奶的规律性来看，一般有两种喂奶方法，一是"要了就给"，二是"规律喂奶"。从宝宝出生之后的几周内，由于孩子正处于学习吃奶的阶段，而且母乳的分泌量不多，孩子饿了就会哭，很难做到按时喂奶。所以这个时期，最好的方法就是孩子想什么时候吃奶，妈妈就什么时候喂奶。

但过了这个时期，妈妈就需要慢慢改变"一要奶就给"的喂养方法，尽可能采取"规律喂奶"的方法。"要了就给"的喂奶法，对于只具备大脑边缘系的低等哺乳动物来说，是无可厚非的。但对于高等动物的人类而言，出生后不久，低等动物所不具备的大脑新皮质就开始发育，就有了表现喜怒哀乐的可能。所以，人类不能像动物那样想吃的时候就使劲吃，需要逐渐养成有规律的饮食和生活习惯。

采用"规律喂奶"法，有利于大脑中抑制大脑边缘系冲动欲的"眼窝前额皮质"的发育，这是自我抑制力的中枢。如果妈妈经常做到"规律喂奶"，很多时候就可以断了孩子"想要什么就立即得到"的念头，从而让孩子从吃奶这件事上逐渐学会放弃和忍耐。

然而，很多人会问，究竟间隔多长时间喂奶好呢？这个问题没有任何标准答案，完全取决于孩子的个体差异、不同的发育阶段、喂奶的环境等，甚至还要考虑性别差异。比如，我家大宝是女孩，小时候夜里一般只需要喂1到2次，二宝是男孩，夜里就需要喂3到4次才行。

其实，"规律喂奶"法的重点不在喂奶的间隔时间长短，而是根据孩子的特点，尽可能按照一定的时间间隔喂奶，不是"孩子哭了就喂、要了就给"，导致每一天的喂养没有一定的规律性。当然，我们绝不能为了让孩子学会放弃，就一味地进行刻板和严酷的放弃训练，否则就变成虐待孩子的行为了。

## 利用绘本，学会对孩子说"不"

对于1岁以内的孩子，他们的认知能力和理解能力还无法接受大人的说教。但我们又需要在这个阶段慢慢学会对孩子说"不"，让孩子逐渐体会到有些事情不可以做，有些行为是需要学会放弃的。

我家二宝小雨不到半岁的时候，我们就把大宝伊伊以前看过的绘本翻出来，选一些图画为主的给他看。没想到，他对很多图画很丰富也很精彩的绘本，从小就很入迷。每次当他在大人怀里动个不停的时候，只要翻开这些绘本给他看，他马上就能安静下来，目不转睛地盯着画面。

在他1岁前看过的绘本中，有一本《大卫，不可以》是他最喜欢的。如果我们把很多绘本放在一起让他自己选，每一次他都会毫不犹豫地选择这本。从出生四五个月到1岁这个阶段，我们已经不记得给他看过多少次，有时候一天之内就会看好几遍。

在这本书里，画面很容易吸引孩子的眼球，而为数不多的文字中出现次数最多的大概就是一个"不"字了。当他看画面的时候，我们都会读相应的文字给他听。虽然孩子无法把画面上的事情跟大人读给他听的文字联系起来，但是久而久之，一定会对孩子产生潜移默化的影响。

小雨9个多月的时候，随着运动技能的不断发展，他已经开始学会撕纸了。一张餐巾纸到他手里，不到一分钟可能就会被他撕得七零八落。这样的探索行为，我们都是采取鼓励的态度，从不会制止，虽然这显得有些浪费。不过，他对撕纸的娴熟技能很快就转移到撕书上来了。

有了第一次，从那以后就再也挡不住了。此后的一段时间，只要给他看绘本，他就会自己翻书，时不时地自然就会试图去撕书。当然绘本使用的纸张质量都比较好，也不能轻易撕坏，但经常撕总还是会破损的。于是，他常看的几本书慢慢就开始变得缺章少页。

偶尔撕一次倒也罢了，没必要阻止孩子的好奇心。如果经常这样撕来撕去，那就需要引起重视了。后来，我在给他讲绘本时，如果他出现撕书的举动，我就开始模仿《大卫，不可以》中的文字，使用平时给他读这本书的语气，大声地对他说："小雨，不可以！""宝贝，不要撕！"刚开始的时候，好像不太管用。不过，过了几天，我发现每次我这样对他说的时候，他就会把头抬起来看我，似乎已经开始明白我的意思了，不再去撕。

当他停止撕书这个行为后，我也同样模仿《大卫，不可以》中的最后一句台词和动作，把他搂在怀里，对小雨说："宝贝，乖！我爱你！"这个时候，他还会似懂非懂地在我脸上用嘴亲来亲去。

利用这个绘本里的对话和场景，既让我学会了如何对这个阶段的孩子说"不"，同时也让孩子慢慢学会了如何放弃、如何停止，给他的自我控制系统逐渐播下一粒又一粒的种子。总有那么一天，这些种子就会开始生根发芽。

## 利用身体语言，让孩子学会自动停止

对于1岁以内的孩子，当他们的运动能力得到很大提高时，除了通过大吼大叫、哭闹等方式表达自己的诉求以外，他们还会用自己的手脚和动作来表达自己的情绪或者唤起大人的关注。初生牛犊不怕虎的他们难免会做一些不合适的行为，甚至是危险的举动。

出现这些状况的时候，也正是可以让孩子逐渐学会自动停止、进行放弃训练的大好时机。不过，大人的口头语言对1岁以内的他们而言，一般情况下就是鸡同鸭讲。这个阶段，我们的身体语言才是最好的交流工具。

小雨8个多月时，手指的运动技能就得到了飞速发展，学会了用拇指和其他手指进行抓握。当小孩学会了一项技能时，他们总是喜欢不失时机地大展拳脚，尤其是对于1岁以内的婴儿，更是如此。

因此，从那以后的一段时间内，当大人把他抱在身上的时候，几乎每次他都会用手指来展示自己的才能。刚开始是抓脸，很快就学会了捏人，同时还会乱抓大人戴的眼镜。只要是他手之所触，大有所向披靡之势。最初，我们也没有太注意，基本上任他随心所欲，反正觉得这么小的婴儿，爱干吗就干吗，尽量不去干涉他的行动。

有一天，当我抱着他的时候，他居然已经学会用双手把我的眼镜摘下，然后迅速地扔到地上。幸好是树脂镜片，我的眼镜完好无损。之前他只是把眼镜取下来，拿在手上把玩几下。这一次的速战速决之举，简直让我大跌眼镜。

从此以后，再抱他时，总是让我对他心有余悸，所以每次就会多一分防人之心。当他试图来摘下我的眼镜时，我就开始不停地摇头，一方面是为了避开他的双手，另一方面也是想通过这样的身体语言逐渐让他明白这样的举动是不可以的。

这一招最开始并未发挥应有的作用，顶多就是暂时避开了他，随后他仍然会穷追不舍。但每一次我都会通过摇头来暗示他，并继续使出《大卫，不可以》中的"咒语"来配合。

过了十多天，我突然发现小雨已经能够理解我的身体语言了。只要我一摇头，他的手就不再继续去取眼镜，而是放在我的脸上，开始胡乱摸脸和抓脸。此后的一段时间，当他抓脸或者捏人比较痛的时候，我同样通过摇头和"咒语"来告诉他可以停止了。没想到，大多数时候他都非常配合地自动停止了。

**教养贴士**

如果我们在孩子1岁之前，就通过放弃训练为他们播下了自控力的种子，那么在接下来的时间里，我们就需要让孩子慢慢学会忍耐和等待，逐步训练孩子的延迟满足能力，逐渐让自控力这颗种子在孩子的心中生根发芽。

## 5. 学会忍耐，让自控力生根发芽

如果我们在孩子1岁之前，就通过放弃训练为他们播下了自控力的种子，那么在接下来的时间里，我们就需要让孩子慢慢学会忍耐和等待，逐步训练孩子的延迟满足能力，逐渐让自控力这颗种子在孩子的心中生根发芽。

### 早期训练，让孩子学会根据现实原则行事

快感原则和现实原则是心理学大师西格蒙德·弗洛伊德首先提出的两个术语。弗洛伊德的心理性欲理论，把人格结构分为本我、自我和超我三个层次。

本我（id）是刚出生时表现出来的全部东西，它的唯一机能是要满足天生的生物本能，而且总是试图立刻让这些需要得到满足，所以婴儿

只能运用快感原则行事。他们饿了就要吃，尿了就会哭，直到自己的需要得到满足才会停止哭闹。因此，1岁前的孩子一点也不懂得忍耐。

自我（ego）是人格有意识的、理性的成分，它反映出孩子逐渐出现了理解、学习、记忆和推理能力。自我的机能是为满足本能冲动寻找现实途径，所以1岁后的孩子就逐渐学会运用现实原则行事。比如一个2岁左右的孩子，当他饿了的时候，就不会再像1岁内的孩子那样只知道哭闹，而是会告诉大人自己饿了、想吃什么。随着自我的逐渐发展，孩子就能更好地控制非理性的本我，寻找比较现实的方式满足自己的需要，并逐渐学会忍耐和等待。

对于婴幼儿来说，那些被及时满足的要求根据快感原则很可能再次产生相同或相似的需求；那些通过等待得到满足的要求，很可能根据现实原则学会忍耐相似的需求；而那些被坚决拒绝的要求则可能根据现实原则，今后不再产生同样的需求。因此，从1岁以后，父母就应该逐渐亮出这些底线，让孩子由此体验人生早期的学习。

作为家长，我们究竟如何训练孩子学会平衡快感原则和现实原则呢？

（1）如果我们认为孩子的要求是及时而且正当的，那么就需要尽可能立即满足他，比如饿了吃饭、口渴喝水、及时大小便等动物性的本能需求。这些时候，孩子出于生存的本能，一定根据快感原则行事。

（2）如果我们认为孩子的需求合理但可以延后满足，那么就需要逐渐训练孩子的延迟满足能力，比如圣诞节的礼物需要等到平安夜后才能拿到，到超市买了一样玩具后就只能等到下一次才能买其他玩具，游乐园里人多的时候需要排队才能玩游乐项目等非基本的生理需求。这些时候，孩子就慢慢学会根据现实原则行事，逐渐学会忍耐和等待。

（3）如果我们认为孩子的要求不合理或者对自己和他人有危害，那么就需要坚决拒绝或阻止这些不当要求，比如通过暴力的方式去抢夺其他小朋友的玩具、将垃圾随手扔在地上、偷偷把别人的东西拿回家等。这些时候，孩子就逐步学会根据现实原则进行正确的价值判断，明白哪些事可以做、哪些事不能做。根据"不能做"的现实原则行事，对孩子来说就是被迫忍耐不愉快的感受，所以需要父母有耐心地反复进行训练，逐渐让孩子的自控力萌芽。久而久之，孩子就能学会克制自己的需求和欲望。

## 坚守底线，敢于对孩子说"不"

在训练孩子运用现实原则学会放弃、忍耐和等待的过程中，父母一定少不了要对孩子说"不"。1岁之前，我们对孩子说"不"需要更多的温柔；1岁之后，我们对孩子说"不"就需要更多的坚定。不过，温柔和坚定这两者之间的度，却没有任何标准可以参考，需要父母自己根据孩子的个性特点因人而异、因"龄"制宜。

（1）把"不能做"的事情范围尽可能缩小，最好是缩小到绝对不能做的范围。主要的判断标准就是这些事情是否具有公共性和社会性，是否涉及自己和他人的安全，是否涉及做人的原则和底线。

比如，别人的东西不能随便拿，不礼貌的举动不能有，不能损坏别人的或公共的财物，不能偷抢别人的或公共的东西，不能用暴力故意伤害别人，不能在马路上乱跑，不能在深水边戏水，公共场所不能大声喧哗，等等。

（2）父母的言行要一致，说了"不"就一定要执行。如果父母经常对孩子说"不行"、"不可以"，但只是嘴上说说而已，并不禁止孩子的行为，孩子仍然会继续做我们不允许做的事情。既然说了"不"，一般情况下我们就一定要及时制止孩子的行为，让孩子亲身感受到父母的坚决，如此训练孩子的忍耐力和自我控制能力。

## 事先约定，"一次只能买一样"

我们目前所处的时代，是一个物质极为丰富的时代，很多物质方面的需求都能得到立即满足。这对于孩子来说，是一件幸事，玩的玩具应有尽有，吃的食物随手可得，但同样也会给孩子带来如何控制自己欲望的挑战。精神层面的需求，我们要尽可能满足孩子；但物质方面的需求，我们需要让孩子学会忍耐和等待。

只要带孩子一起去超市或者商场购物，很多父母就会被孩子折磨得筋疲力尽。孩子不是提出买这样那样的玩具，就是希望买各种各样的零食，一旦不能如愿，很可能就会趁机倒地耍赖。这就是孩子不具备自我控制能力的主要表现。

为了避免在公共场所出现类似情况，可以从孩子很小的时候，就通过一些方式让孩子逐渐学会克制自己的物质欲望。比如，每一次出门之前，我们就可以跟孩子事先约定好，一次只能买一样玩具或零食等。如果孩子希望"鱼和熊掌兼得"，那么我们就可以告诉孩子需要等到下一次才能买。

伊伊1岁多的时候，我们就经常带她去超市或商场。刚开始的时候，每一次出门之前，我们都会跟她说好一次只能买一样东西，买了玩具就不能买零食，不论玩具还是零食，一次也只能买一件。这个规则一直保持至今，几乎从未被破坏过。虽然她有时候会很想买两件或几件东西，但我们也会告诉她当天只能买一件，其他东西需要等到下一次或者重大节日等才能再买。这样做的目的，主要不是考虑省钱的问题，而是希望在这个等待的过程中让她逐渐学会忍耐，学会自我控制。

当成为一名小学生之后，伊伊在这个方面已经表现得越来越好。有一次，我们带她去超市，先买了一样她最喜欢吃的零食，后来又看到一个很漂亮的米妮图案的卷笔刀，这是她梦寐以求的一样文具。正当我准备放进购物车的时候，伊伊突然很严肃地对我说："爸爸，这个卷笔刀今天不能买啦！我已经买了零食，还是等到下次再买吧。"

我马上意识到她提醒得很对，"一次只能买一样"的规矩不能随便被打破。虽然她说得很恳切，但从她的眼神明显能够读到她对卷笔刀的依依不舍之情。最后，我跟她商量，既然自己很喜欢这个卷笔刀，那就把刚才放进购物车的零食拿出来，等到以后再买，这一次就买这个卷笔刀。我的这个提议立马得到她的认可，赶紧把零食放回原处。

其实，由于我们从小比较注重培养孩子的自我控制和自我管理能力，伊伊在其他方面的自控力也是很强的。这一点，尤其对她的幼小衔接之路大有裨益，同时也极大地增强了她进入小学学习的自信。因此，她在课堂上就很容易集中注意力听课，很自觉地遵守课堂纪律，很主动地完成老师布置的作业和练习。

## 该呵斥时就呵斥，才能制服"小恶魔"

关于人的本性，心理学界有不同的观点，既有主张"性本善"的，如卢梭等；也有坚持"性本恶"的，如弗洛伊德等。如果辩证地看待这个问题，我们会发现，其实人性中既有善的一面，也有恶的一面。

精神分析学派就认为，"幼儿就是小恶魔"，并对幼儿的本质进行过这样的总结："孩子幼小的时候思考过所有的不道德的事情，不合理的事情，并有可能付诸实施，他们没有善恶判断力，从这个意义上来说，幼儿就是恶魔。"[①]

这些所谓的"小恶魔"并非一直"野蛮生长"，他们身上的动物野性部分会在家庭、学校和社会的教化下渐行渐远，逐渐成长为一个社会人。而在早期阶段，主要还是靠家庭教育。

但现在的很多家长，为了顺应孩子的自然成长，却陷入对孩子不管不教的另一端，最后就演变成放任自流。面对幼儿的"恶魔"行为时，我并不赞成采取打骂这种简单粗暴的教育方式，但适当的大声呵斥偶尔还是需要派上用场的。该呵斥时就呵斥，很多时候才能真正制服那些"小恶魔"。

当然，大声呵斥绝不意味着家长可以随意对孩子发火。从最终目的就可以区分两者的区别，发火主要是为了发泄父母的情绪，而呵斥主要是为了纠正孩子的行为。除了大声对孩子说"不"，呵斥也是让孩子学会运用现实原则行事的另一个补充手段，尤其是对于前面提到的那些绝对不能做的事情。

同时，呵斥孩子并不是对孩子乱训一通就完事，我们需要注意以下几个方面：（1）呵斥中要有温情，有充分的爱与良好的交流；（2）对于呵斥孩子的事，需要事先教给孩子相应的知识；（3）孩子错了尽可能

---

[①] 引自［日］国米欣明：《培养有自制力的孩子》，漓江出版社 2011 年版，第 113~114 页。

当场、立即呵斥，不过人多的场合需要因地制宜；（4）需要用严厉的口气，简单明了地进行呵斥；（5）呵斥以后，如果孩子没有及时改正就需要立即制止孩子的错误行为；（6）尽量不要秋后算账，最好能当场解决。

比如，对于已经学会走路的孩子，我们就必须教会孩子"不能在马路上乱跑"，这就是自控力训练的一个重要契机。

首先，平时我们就要教给孩子一些注意人身安全的基本常识。比如，过马路时要走斑马线、"红灯停绿灯行"，并告诉孩子乱穿马路可能产生的后果。我们还可以借助一些图片和视频等资料，把这些常识存储到孩子的大脑中。

其次，带孩子实际体验。当我们带孩子逛街或散步的时候，可以在穿过马路的过程中，一边告诉孩子如何观察红绿灯的变化，一边让孩子亲身体验如何安全地过马路。

最后，及时呵斥孩子的危险举动。即使我们给孩子讲了无数遍"不能乱穿马路"或者带孩子体验过很多次的过马路，但我们仍然不能确保孩子时时刻刻都能做到。当我们看到孩子在马路上乱跑的那一刹那，就要用严厉的口气大声呵斥："别跑！不能在马路上乱跑！"孩子就会立即意识到这是绝对不能做的事情，赶紧回到安全地带。这样一次经历，其实就是让孩子的自控力生根发芽的一次机会。

教养贴士

3岁后，需要更多关注自我管理能力发展，需要结合孩子的生理和心理发展规律、情绪和社会性发展规律，通过多方面的训练来帮助孩子在已构建的"硬件系统"基础上，不断开发自控力的各种"应用软件"。

## 6. 3岁后，开发自控力的"应用软件"

一般来说，3岁后的孩子都会进入幼儿园学习和生活。在幼儿园的三年里，孩子的主要任务并非学习多少知识、掌握多少本领，而是侧重于养成良好的行为习惯、提升生活自理能力、学会与人交往、培养规则意识、懂得分享和感恩等更为重要的方面。

所有这些方面，几乎都跟孩子的自我控制和自我管理能力密切相关。如果在这个阶段没有把这些"功课"修好，那么早晚都得补上这一课。然而，越往后，要把这一课补好就越难。当然，在3岁后的不同阶段，多多少少都会涉及自我控制和自我管理能力的发展，只不过，不同的发展阶段需要面临不同的发展任务。

## 人的一生，面临八个"分水岭"[①]

关于人的整个一生的发展，最著名的心理学理论就是美国心理学家爱利克·埃里克森的毕生发展理论。他相信，人在其生活的每一个阶段都必须通过自我的机能应对生活现实，以顺利地适应现实，表现出正常的发展方式。

埃里克森认为，人在其生活道路上面临着八个危机或冲突。每一次的冲突都有其出现的时间，它是由人们在一生中某个特定时间所体验的生物成熟与社会要求决定的。人必须妥善地处理好每一次冲突，才能为圆满解决下一个冲突做好准备。为了便于大家理解，我把这些危机或冲突的临界点称为人生的"分水岭"。

（1）0~1岁：信任对不信任。婴儿必须对满足他们基本需要的人产生信任感。如果养育者在照料中拒绝或易变，婴儿就会把周围世界看成充斥着不可信任和不可靠的人的危险之地。母亲和最初的养育者是最重要的社会代理人。

（2）1~3岁：自主性对羞愧。儿童必须学会"自主"——自己吃饭、穿衣、保持清洁等。不能形成这种独立性将使儿童怀疑自己的能力，觉得羞愧。父母是重要的社会代理人。

（3）3~6岁：主动性对内疚感。儿童努力地成长并想承担他们力所不能及的责任。他们的目标和活动有时和父母、家人对他们的要求发生冲突，这些冲突可能使他们感到内疚。要圆满解决这一危机需要一种平衡：儿童一方面要保持主动性，一方面不与别人的权利、特权或目标发

---

① 本部分内容引自［美］戴维·谢弗著，陈会昌等译：《社会性与人格发展》，人民邮电出版社 2012 年版，第 43~44 页。

生冲突。家庭是重要的社会代理人。

（4）6～12岁：勤奋对自卑。儿童必须掌握重要的社会技能和学习技能。在这一时期，儿童把自己与同伴相比较。非常勤奋的儿童能掌握社会技能和学习技能，因此产生自我确定感；学不会这些东西将导致儿童的自卑感。教师和同伴是重要的社会代理人。

（5）12～20岁：同一性对角色混乱。这是儿童期和成熟期之间的过渡时期。青少年必须回答"我是谁"的问题。他们必须形成基本的社会同一性和职业同一性，否则将对自己作为一个成人应承担的角色产生迷惑。同伴群体是主要的社会代理人。

（6）20～40岁：亲密对孤独。这一阶段的基本任务是发展扎实的友谊关系，产生对另一个人的爱与亲密感（或分享的同一性）。如果没有能力形成友谊和亲密关系，就会产生孤独感和隔离感。爱人、配偶和亲密朋友（无论男女）是重要的社会代理人。

（7）40～65岁：繁衍感对停滞。在这一阶段，成人面临的任务是在工作、供养家庭中成为能干的人，或努力满足年轻人的需要。"繁衍感"的标准是由人所处文化确定的。不能或不愿承担这些责任的人会变得停滞和（或）自我中心。配偶、子女和文化标准是重要的社会代理人。

（8）65岁以后：自我整合对失望。老年人回顾自己的一生，要么把自己的一生看作有意义的、丰富的和愉快的经历，要么因未兑现承诺和没达到目的而失望。一个人的生活经历，特别是社会经历，将会决定这一最后生活危机的结果。

## 3岁，人生的第一个重要里程碑

在人类的早期发展过程中，孩子的身心发展变化比任何一个阶段都要大，有时候甚至完全可以用"迅雷不及掩耳之势"这句话来形容。如果带着孩子去参加一些同学和朋友的聚会，我们很可能会听到别人惊讶地说："你家宝贝都这么高了呀！长得真快啊！"

其实，除了最直观的身高变化，孩子的其他生理和心理变化同样也令人惊叹，真可谓"一年一个样，三年大变样"。正如前面所述的埃里克森的毕生发展理论所揭示的一样。

而3岁正是一个人的毕生发展历程中第一个重要的里程碑。对于3岁左右的孩子，在自我意识和独立能力不断增强的情况下，他们在身心发展方面表现出以下几个方面的特征[①]：

（1）快乐而友善：从2岁半到3岁左右这个阶段，一个先前吵闹不安的孩子会突然变得安静斯文。经常挂在嘴边的是"好"或"要"，不再是"不"；经常出现在脸上的表情是笑，不再是哭；经常对大人的要求表现出接受和妥协的态度，不再是拒绝。大部分孩子到了3岁左右时，在生理和心理方面（尤其是情绪情感方面），都会进入一个稳定的成长期。同时，他们的自我意识和自我概念也已经比较成熟。

（2）合作意识启蒙：2岁半之前，孩子的独占意识比较强，"你"和"我"是两个绝对不能混淆的概念。到了3岁时，"你""我"之间出现了一座桥梁，那就是"我们"——可以一起分享和合作。3岁这个阶段完全被"我们"占领，"我们……"是孩子们最喜欢说的一句话，比如，"我

---

① 本部分内容根据《你的三岁孩子》一书的相关章节整理。

们一起玩，可以吗"。这种"我们一起"的感觉，让他们体会到了分享与合作的快乐。

（3）不再凡事以自我为中心：3岁左右的孩子不再总是以自我为中心，已经注意并开始理解别人的感受与看法。当孩子与别人产生冲突或发生争吵的时候，如果我们告诉他别人的感受和想法，孩子就能逐渐学会换位思考。

（4）权威人物可以产生影响：在3岁孩子的世界里，一些权威人物已经可以对他们产生一定的影响，比如老师。同时，两个小朋友的共同朋友或者在群体里很有领导力的小朋友，也可以起到老师的作用，解决他们之间的小争吵。

（5）能力全面提升：3岁孩子获得了身体和能力的全面发展，阿诺·吉塞尔博士形容3岁孩子时，曾经这样说道："他们把从前获得的种种能力结合起来，在3岁时呈现出一个全新的自我。"在控制肢体动作方面，3岁的孩子已经变得相当成熟和顺畅了。他们的情绪在这个阶段也是欢乐而稳定的，易于接受、乐于分享。除了在肢体动作、情绪等方面的发展以外，在这个阶段，他们的语言能力的发展也是突飞猛进的。

对于3岁左右的孩子而言，以上这些方面的发展和变化，非常有利于自我管理能力的全面发展，尤其是日常生活方面的自我照顾。比如，3岁左右的孩子完全可以自己吃饭、独立睡觉、穿脱简单的衣服、自己大小便等，甚至还可以自己洗澡、系鞋带等。

## 3岁后，不断开发自控力的"应用软件"

3岁前是培养孩子自控力的关键期，大脑的自控力中枢——眼窝前额皮质，一般在这个阶段完成发育，大脑的自我抑制系统初步构建成形。那么，这是否就意味着3岁后就不用关注孩子的自控力发展了呢？

很显然，事实并非如此。其实，任何人的自我控制能力在其一生中都在不断发展和变化。

3岁前，我们更多关注的是大脑发育，需要通过放弃训练和忍耐训练来促进孩子大脑的自控力中枢的发育，帮助孩子构建自我抑制系统。形象地说，这个阶段，我们的主要任务就是帮助孩子完成自控力的"硬件系统"构建。

3岁后，我们更多关注的是自我管理能力发展，需要结合孩子的生理和心理发展规律、情绪和社会性发展规律，通过多方面的训练来促进孩子的自我控制能力发展，帮助孩子全面发展自我管理能力。同样可以这样来比喻，这个阶段，我们的主要任务就是帮助孩子在已构建的"硬件系统"基础上，不断开发自控力的各种"应用软件"。

本书后面的内容，大部分就是围绕如何开发自控力的各种"应用软件"进行探讨的，此处不再赘述。

# 第二篇

# 身心发展，让孩子管好
# 自己的情绪

　　自我管理是社会化的基础，它和所有的发展领域都有联系，如生理、认知、社会化和情绪等。

　　管理情绪的能力，既影响社会能力的发展，又是衡量自控力的一项重要指标。但情绪控制能力的发展离不开孩子的身心发展这块基石。一般来说，在儿童中期，孩子就可以通过一些方法和策略更有效地控制和调节情绪，6 岁以后的孩子已经可以逐渐学会管理自己的情绪。

自控是所有大脑活动中消耗身体能量最多的一项活动。为了确保儿童大脑进行自控活动所需要的生理能量，我们需要通过合理饮食让他们"吃"出自控力，通过充足睡眠让他们"睡"出自控力，通过锻炼身体让他们"炼"出自控力。

## 7. 身体能量，是自控力的生理"能量场"

对于每天都要从事工作、照顾孩子、承担家务等消耗脑力和体力活动的成年人来说，我们不难发现一个生活规律：每一天的早晨和上午，更容易集中注意力，不容易发脾气，更容易控制冲动行为。而到了下午和晚上，似乎更容易从"天使"变"魔鬼"，稍不如意可能就火冒三丈，稍有诱惑可能就缴械投降，稍有冒犯可能就拳脚相加。

心理学有研究表明，自控是所有大脑活动中消耗身体能量最多的一项活动。佛罗里达州州立大学的心理学家罗伊·鲍迈斯特是第一位系统观察和测量意志力极限的科学家。他通过很多实验发现，人们的自控力总会随着时间的推移而消失殆尽，自控力就像肌肉一样是有极限的，它被使用之后会渐渐疲惫。因为每次使用自控力都会有身体能量的消耗，所以过度自控也可能会导致失控。

我们不难得出一个结论，身体能量是自控力的生理"能量场"。对于尚处于成长发育阶段的儿童来说，为了确保大脑进行自控活动所需要的生理能量，我们需要通过合理饮食让他们"吃"出自控力，通过充足睡眠让他们"睡"出自控力，通过锻炼身体让他们"炼"出自控力。如果孩子的生理"能量场"能够不断得到各种各样的补给，让身体能量始终处于自控力的安全线之上，那么，他们的自控活动所需要的能量就将持续不断。

## "吃"出自控力

大脑在能量降低时拒绝自控或许还有别的原因。南达科他大学的行为经济学家X. T.王和心理学家罗伯特·德沃夏克认为，现代人的大脑可能仍把血糖含量作为资源稀缺或资源充足的标志。资源不足时，大脑会选择满足当下的需求；资源充足时，大脑则会选择长期的需求。当血糖含量降低时，大脑会考虑短期的感受，会使用快乐原则去冲动行事。有研究表明，现代人在饥饿的时候更愿意冒险。

如此看来，合理饮食，不仅可以确保孩子身体发育所需要的生理能量，而且还可以确保大脑进行自控时所需要的血糖含量。其实，在培养孩子良好的吃饭习惯和稳定的饮食规律的过程中，同时也可以训练他的自控力。

那么，我们究竟如何做才能让孩子"吃"出自控力呢？

（1）注重饮食规律，做到"到点就吃"。如果没有特殊情况，每一顿饭的就餐时间尽可能相对固定，到点就吃，让孩子形成较好的饮食规律。有的孩子在正餐时间里不好好吃饭，没过几小时他又饿了，为了他的健康考虑，很多家长就会在非正餐的时间里给孩子食物。而等到下一顿饭的时间，孩子如果不饿，仍然不会好好吃饭，最后就出现正点用餐时间里不吃、非正点时间里加餐的恶性循环。

（2）规定用餐时间，做到"过时不候"。很多孩子不好好吃饭，还有一个重要原因就是从小做事磨蹭，一顿饭可能要吃上两三个小时。久而久之，他们根本就不把吃饭当回事，甚至当作压力。这就需要家长给孩子规定每一顿饭的用餐时间，比如半小时左右，如果孩子在规定时间内不吃或吃得很少，那么我们就要坚持做到"过时不候"，到点就把饭菜收走。其实，孩子一顿不吃，甚至一天不吃，绝不会对他的身体造成任何的伤害。如果孩子不好好吃饭，我们就需要利用一些时机狠下心来让他饿一顿肚子，最终让孩子养成良好的吃饭习惯。这样的做法，在美国等西方社会是司空见惯的，而在中国，很多家长都会下不了决心。

（3）从小建立规则，为孩子定好吃饭的规矩。我们可以从如下几个方面着手：只能在餐桌上吃饭，没吃完前不能离开餐桌；餐桌上不要摆放分散孩子注意力的玩具或其他东西，不允许孩子一边吃饭一边玩玩具；吃饭的时候必须关掉电视，孩子不能看，听也不可以；两三岁后需要自己吃饭，不要追着孩子喂饭，也不要强迫孩子吃饭；稍大一些，要求孩子吃完饭，把碗筷放到厨房水槽里。

（4）控制好零食，保护好孩子的胃口。我们可以从如下几个方面去控制孩子的零食：尽量引导孩子不吃或少吃零食，尤其是影响孩子食欲的垃圾食品；规定孩子每天的零食数量；规定每一次去超市只能买一种零食；让孩子远离电视上或其他地方的零食广告；让孩子减少跟喜欢零食的小朋友接触；跟孩子一起看一些食品安全方面的电视或视频。

（5）注意营养搭配，别让孩子挑食。伊伊从小就养成不挑食的习惯，吃饭情况比较好，除了我们把零食控制得很好以外，还有一些方面，我们也比较重视。

第一，在伊伊6个月左右添加辅食的时候，我们就比较注意蔬菜的多样化。我们会在给她做的面条里配上各种蔬菜，也会把能做成泥的菜都给她做成菜泥，比如土豆泥、山药泥、胡萝卜泥等，还尝试过把一些蔬菜弄成菜汁给她喝。

第二，等伊伊长牙，差不多1岁半以后，她基本上就和我们吃差不多的菜了。我们全家人都不挑食，会经常买应季的蔬菜上桌，孩子总是对大人做的菜心有向往。后来，我们就不再给她单独准备饭菜，都从我们的餐盘里面夹菜给她吃。我们吃的菜，只要不是辣的，她都会尝试。

第三，伊伊从小吃饭很好，所以吃饭对她来说是一件开心的事情。因为常常会得到表扬，所以，她愿意在规定时间、规定地点把自己饭碗里面的饭菜吃完。但不少小朋友，是一边被家长骂着、打着，一边吃饭的。因为吃得不好，所以挨骂，然后心情不好又吃不下，很多孩子就处于这样的恶性循环当中。

第四，对孩子来说，食物也是很有趣的东西。如果我们把食物弄成小朋友喜欢的形状，搭配上各种色彩，小朋友一定愿意去尝试。同时，在家做饭也要注意，不能老是做一个口味的菜，我们要经常变换新鲜的口味，比如偶尔吃咖喱饭、意大利面、饺子、馄饨等，都是不错的选择。

## "睡"出自控力

国外有专门研究睡眠问题的专家指出，睡眠不足会影响大脑的发育。孩子的大脑处于不断发展的过程中，而脑功能的发育大部分都是在孩子熟睡的状态下进行的。还有研究表明，睡眠不足还会极大地影响孩子的成绩和情绪，甚至还会出现一些异常行为，比如增加多动行为，甚至出现多动症，出现喜怒无常、抑郁、容易冲动等情绪，还会出现暴饮暴食从而引发肥胖症等。

长期睡眠不足，会让人更容易感到压力、萌生欲望、受到诱惑，还会让人很难控制情绪和集中注意力。为什么睡眠不足会影响人的自控力呢？有研究表明，睡眠不足会影响身体和大脑吸收葡萄糖，而葡萄糖是生理能量的主要存储方式。甚至还有研究表明，睡眠短缺对大脑的影响和轻度醉酒是一样的，在醉酒的状态下，人们是毫无自控力的。

幼儿园和小学阶段的孩子，学习压力相对不是太大，我们需要尽可能保证他们的睡眠时间在每天10小时以上，让他们的生理能量始终保持富余。这就需要培养孩子良好的睡眠习惯，形成早睡早起的生活规律。

对于已经上小学的孩子来说，除了家庭作业需要安排好以外，孩子的其他活动也要妥善安排。比如外出玩耍的时间不要太久，玩游戏和看电视的时间需要控制，弹钢琴、画画等课外活动也要安排紧凑。否则也会导致孩子无法按时睡觉。

伊伊上幼儿园期间，由于每天有午睡时间，所以晚上一般在9点到9点半左右开始睡觉，入睡基本上要到9点半以后。但在一年级开学前的那个暑假，我们就开始调整她的作息时间，上床时间提前到8点半，一般在9点之前就能入睡。这样一来，每天10小时的睡眠时间完全可以得到保证。入学后，我发现她每天的精力很充沛，放学回到家没有表现出犯困的感觉，听老师说课堂上也没有出现打瞌睡的情况。

有些孩子没有养成早睡的习惯，也跟父母的作息规律有关。出于工作或者娱乐的需要，部分父母喜欢晚睡，甚至成为"夜猫子"。孩子耳濡目染父母的睡觉习惯，久而久之也容易养成晚睡的习惯。因此，父母要和孩子一起养成早睡的习惯，即使父母工作很忙，也要等到孩子入睡以后再忙。

同时早上起床也要养成好习惯，比如能够自己穿衣服、自己洗脸刷牙、自己吃早餐等。还要避免做事拖拖拉拉的习惯。一旦孩子养成自己的事情自己做、做事效率高、不拖拉等良好习惯，早上起床的时间相对就可以更晚一些，这同样可以延长孩子的睡眠时间。

## "炼"出自控力

脑科学已有研究表明，大脑很多部位的发育都跟身体很多部位的运动相关，这里所说的运动含义很广，既包括手脚等肢体运动，也包括嘴和面部等肌肉运动。心理学也有研究指出，运动不但有利于生理的发育，还有利于智力的发育。

悉尼麦考瑞大学的心理学家梅甘·奥腾和生物学家肯恩·程通过实验得出一个令自己都大吃一惊的研究结论：身体训练能提高自控力。锻炼身体，不仅能缓解日常的压力，最重要的是，还能提高心率变异度的基准线，从而改善自控力的生理基础。

神经学家在检查那些锻炼身体的人的时候，发现他们大脑里产生了更多的细胞灰质和白质。其中，白质能迅速有效地连通脑细胞。锻炼身体能让大脑更充实，运转更迅速。而自控力中枢——前额皮质，则受益最大。

健康的身体，绝不是保护出来的。如果我们对孩子过度呵护，他们就会失去很多运动的机会，既包括身体的成长，也包括心灵的成长。如果我们不让孩子上蹿下跳，那么，他们就无法学会保护自己的身体不受伤；如果我们不让孩子经历风雨，那么，他们就无法经受疾风骤雨的洗礼；如果我们不让孩子度过寒冬，那么，他们就无法感知冰天雪地的滋味。

中国的家长特别重视小孩子的穿衣问题，宁愿让孩子发热，也不愿孩子挨冻。特别是冬天，我们总喜欢把孩子裹得严严实实，也不让孩子到户外活动。岂不知，这样做，大多数时候反倒容易引起小孩生病。而日本的小孩，大冬天穿短裙在户外行走的，比比皆是，正因为没有得到过度保护，他们的身体反而比我们的小孩强健。

**教养贴士**

　　父母只有对自己孩子的气质特征和类型有了基本的了解后，才能真正读懂孩子的情绪和行为表现，才能在培养自控力方面，充分因应先天气质这个生物"调节器"，真正做到因材施教。

## 8．先天气质，是自控力的生物"调节器"

　　经常听到一些家长对别人这样说："为什么你家的宝贝就这么好带？我家孩子真难养啊！动不动就发脾气，见到陌生人就怕……"凡是做过父母、带过孩子的人都知道，每一个孩子的个性特征都不一样，情绪表达、社会适应、行为表现也都会有很多差异。

　　孩子的成长和发展，除了跟后天的教养有关，还取决于先天的气质。什么是气质呢？心理学家玛丽·罗斯巴特和约翰·贝特斯把气质定义为情绪、动机和注意反应以及自我调节方面的先天个体差异，许多气质特点被认为是成人人格的情绪和行为构件。这也是导致个体行为差异的一种生物基础。

　　由此可见，孩子的自控力受遗传影响，天生就是有一定差异的。父母只有对自己孩子的气质特征和类型有了基本的了解后，才能真正读懂孩子的情绪和行为表现，才能在培养自控力方面，充分因应先天气质这个生物"调节器"，真正做到因材施教。

## 先天气质的六大维度 ①

俄勒冈大学教授玛丽·罗特巴特和约翰·贝特斯，从六个不同的维度，对婴儿气质的个体差异做了很好的总结：

（1）恐惧性痛苦：面对新情境或者新异刺激表现出犹疑、悲伤和退缩。

（2）易怒性痛苦：当愿望落空时发怒、啼哭，表现出痛苦（有时又被称为"沮丧/愤怒"）。

（3）积极情感：经常微笑、大笑，愿意接近他人，跟他人一起玩（有人称之为"善交际性"）。

（4）活动水平：大肌肉运动（例如踢打、爬行等）的多少。

（5）注意广度/持久性：儿童关注感兴趣的东西和事件的时间。

（6）节律性：身体机能（如吃饭、睡觉和肠胃功能）的规律性和可预测性。

婴儿的气质反映了两种消极情绪（恐惧和易怒）和四种积极情绪。这六种气质成分的前五种，对于描述学前儿童和稍年长儿童的气质同样有效。

## 先天气质的三种类型 ②

心理学家托马斯和切斯在他们早期的报告中指出，可以通过聚类的

---

① 引自［美］戴维·谢弗著，陈会昌等译：《社会性与人格发展》，人民邮电出版社 2012 年版，第 132 页。

② 引自［美］戴维·谢弗著，陈会昌等译：《社会性与人格发展》，人民邮电出版社 2012 年版，第 135 页。

方式预测婴儿气质的某些方面，并把气质类型归为三种：

（1）容易型气质：容易相处的儿童脾气好，通常表现出积极心境，具有求新性和适应性。他们的行为习惯有规律而且可预测。

（2）困难型气质：困难型儿童表现活跃、脾气暴躁，行为习惯不规律。他们对日常生活中的变化常常反应过度，对陌生人或环境的适应很慢。

（3）慢热型气质：这些儿童不大活跃，略显忧郁，对陌生人和环境的适应较慢。但是，与困难型儿童相比，他们对新奇事物的反应适度，而不是报以激烈、消极的反应。例如，他们可能用转头来拒绝拥抱，而不是踢打或者大叫。

除了上面提到的三种类型，还有一部分孩子并不属于上述三种类型中的某一种，而是表现出自己独特的气质类型。

孩子先天的气质各有不同，是否就意味着气质类型一定会随着年龄增长而永远持续下去，伴随孩子一生的成长和发展呢？托马斯和切斯的研究发现，早期气质特点有时能、有时不能延续到以后的人生阶段。换句话说，气质是可以改变的，有一个因素可能会影响气质的变化，这就是儿童的气质类型与父母教养方式之间的"良好匹配"。

比如，脾气暴躁、对陌生事物难以适应的困难型婴幼儿，经过一段时间的教养可能会变得不太容易发脾气，适应能力不断增强。心理学有研究表明，如果困难型婴儿长期接受有耐心、敏感的教养，到儿童期或青少年时期将不再被划为困难型儿童。

作为家长，我们无法改变孩子生下来的样子，但我们完全可以改变孩子将来的样子。那么，我们如何根据不同的气质类型来培养孩子的自控力呢？

第一，给困难型孩子多一分耐心。

困难型气质类型的孩子的负面情绪比较多，遇到陌生人、新环境、新事物容易表现出退缩、不接受。不难看出，困难型孩子的自控力，从出生那一刻起就比其他类型的孩子要弱。

这就需要父母的教养风格和方式与困难型孩子相匹配，在教养这种类型的孩子时，多给他们一分耐心，有时甚至需要父母付出多倍的耐心和努力。在父母的耐心呵护和引导下，困难型孩子的自我控制能力就会不断增强。

（1）首先从内心接受困难型孩子比较难带这一点，以坦然的态度面对现实，才能以从容的心态接纳孩子。这样也就不容易在孩子好动、易怒的情况下失去耐心或者迁怒于孩子。

（2）在孩子乱发脾气时，能对孩子多一分接纳和理解，多一些宽容和耐心，心平气和地引导孩子合理表达自己的情绪，逐渐让孩子明白发脾气并非解决所有问题的唯一方式。

（3）在坚持让孩子遵守规则时保持冷静，在约束和限制孩子的同时，让孩子以一种更快乐的方式对新规则做出反应，逐步树立孩子的规则意识，增强其自我约束能力。

（4）在孩子面前经常保持微笑，多用积极情绪去影响孩子、带动孩子、感染孩子，在潜移默化中改变孩子的性格特征，逐渐让孩子变得开朗、乐观、积极。

（5）对孩子多付出一些时间，经常带孩子一起去接触陌生人和事、熟悉陌生环境，给孩子示范如何与陌生人交往，如何克服对陌生事物的恐惧。跟尝试两三次就能很快适应新事物的孩子相比，困难型孩子可能需要十几次乃至几十次的尝试和努力，才能逐渐适应。这其中考验的就是父母的耐心和智慧。

（6）尽量不要与困难型孩子针锋相对，切忌通过简单粗暴的打骂来对待孩子的情绪和行为问题。这样的教养方式就与困难型孩子形成了"不良匹配"，大多数情况下，孩子会对父母的暴力或严厉惩罚报以更大的暴躁和反抗。如果父母经常对困难型孩子缺乏耐心、发火、施以暴力，他们就可能在以后继续保持困难型气质，并表现出更多的行为问题。

第二，给容易型孩子多一点信心。

遇到一个容易型气质类型的孩子，也可以算是为人父母的幸运。因为对于容易型孩子的父母来说，在教养孩子的过程中，相比其他类型孩子的父母，可以少付出一些不必要的时间和精力去跟孩子周旋。

然而，现实生活中，很多容易型孩子的父母却总是闲不住，喜欢"瞎折腾"自己的孩子。究其根源，其实是他们对自己的孩子缺乏应有的信心，不愿放手让孩子自己成长。

结果适得其反，本可以生活自理的孩子却要大人喂饭穿衣，本来脾气温和的孩子却被大人宠得喜欢乱发脾气，与生俱来的好奇心和探究欲却被大人扼杀于摇篮之中。随之而来的就是孩子的自我控制和自我管理能力无法得到充分发展。

（1）心态放松，相信孩子的自我成长。容易型孩子的成长之路，相比其他类型孩子，会少很多曲折和波澜。只要家长多给孩子一点信心，孩子的成长就会更顺畅，家长的心态也就会更轻松。

（2）面对困难，鼓励孩子勇于挑战。这种类型的孩子在面对挑战和困难时，更愿意主动迎接，更容易取得成功。一旦孩子在某个方面取得了进步，父母就要及时给予鼓励和肯定，让孩子体验自身的成就感，进一步提升自我评价。

（3）设定限制，创造安全的探索环境。容易型孩子喜欢接触新事物，会主动探索，也更活泼好动。这就需要父母设定必要的限制和约束，尤其是安全方面的要求，给孩子创设一个安全、自由的探索环境。

（4）敢于放手，鼓励孩子的独立自主。这种类型的孩子，独立意识更强，自主性更佳。所以，父母要敢于对他们放手，不要包办代替，尽可能鼓励孩子的独立性和呵护孩子的自主性。

（5）别以"教育"之名，破坏孩子的自我成长。容易型孩子的自我成长的能量更足，自我管理的能力更强。对于他们的自我成长，父母需要更多地采取顺其自然、顺势而为的态度，而不要总是想着要"教育"自己的孩子，最后反而破坏了孩子的自我成长。

第三，给慢热型孩子多一分细心。

慢热型孩子的气质特点其实是介于容易型和困难型之间的一种类型，脾气相对温和，但适应性不够。并且大部分慢热型孩子的性格也偏内向一些。在教养过程中，父母需要给他们多一分呵护，细心照顾孩子。

（1）静待花开，守护孩子的成长。在很多方面，慢热型孩子都会比其他一些孩子慢半拍，他们需要仔细观察局势，他们需要认真考量自己，他们需要等待别人的反应。这就要求父母不要急躁，而要静待花开，让孩子慢慢来。

（2）赞美孩子，让孩子找到自信。慢热型孩子虽然比较有主见，但是他们又容易缺乏自信。因为总比别人慢一点，所以可以表现自己的机会就不如容易型孩子多，长此以往就会失去自信。当孩子主动争取到了机会，哪怕取得了一点点进步，父母都要多鼓励孩子，及时赞美，逐渐让孩子找到自信。

（3）充分预热，让孩子慢慢适应。对于这种类型的孩子，无论干什么事情，我们都要给孩子留出充分预热的时间，让孩子慢慢适应，包括做作业也是一样，他需要比别的孩子时间更长，但是同样会很好地完成。尤其是到一个新的陌生环境中，比如入园，我们要在事前就把幼儿园的情况尽可能多地告诉孩子，让他提前有个心理准备。

（4）细心照顾，让孩子观察细节。父母需要细心照顾慢热型孩子，并锻炼孩子多观察事物的细节，提高对新事物的敏感度。比如，让孩子观察一个新玩具，收起玩具，再让孩子说出观察到的东西；带孩子去公园、游乐园等游乐场所玩，多给孩子讲他容易忽略的地方及细节。

（5）鼓励运动，让孩子变得活泼。这种类型的孩子大多比较安静，不太喜欢运动，也不是很活泼。我们要鼓励孩子多运动。比如，对小婴儿可做操、游泳；对大婴儿则要给他们创造坐、站、爬等运动的机会与条件；对幼儿期的孩子，要带动孩子一起运动，如走、快走、快爬、跑、跳等，逐渐提高孩子的运动速度、运动反应速度及灵活性。同时，在运动过程中再加入一些游戏，孩子会更感兴趣。

教养贴士

　　如果没有完整的自我意识，自控系统将毫无用武之地；如果自控系统能占上风，原始的本能冲动就会被抑制。在做任何决定的时候，我们必须意识到自己具有做这件事的冲动，以及抑制这种冲动的意志力。

## 9. 自我意识，是自控力的心理"制动器"

　　有神经学家提出，我们只有一个大脑，但我们却有两个想法，或者说，我们有两个自我，一个自我任意妄为、及时行乐，另一个自我则克服冲动、深谋远虑。自控力的最大挑战就来自于这两个自我的挑战，一方面想要这个，另一方面想要那个，当两个自我发生分歧的时候，总有一方会占据上风。

　　如果没有完整的自我意识，自控系统将毫无用武之地；如果自控系统能占上风，原始的本能冲动就会被抑制。在做任何决定的时候，我们必须意识到自己具有做这件事的冲动，以及抑制这种冲动的意志力。如果想要孩子具有更强的自控力，首先就需要让孩子具有完整的自我意识。

## 自我意识的出现，标志着从外部控制向内部控制的转变

人类有别于动物的一个重要特征就是拥有自我意识。当1岁多到2岁左右的时候，孩子就开始行动、研究和探索，他们的自我意识就开始萌芽，认识到自己是一个独立的个体。随着自我意识的不断发展，当我们做一件事的时候，能意识到自己在做什么，也知道我们为什么这么做。

自我意识的获得非常有利于孩子的情绪和社会性发展。首先，自我意识情绪发展，包括同情、嫉妒、尴尬、自豪、羞愧和内疚等，都必须依赖于自我意识的发展。其次，已经达到自我参照里程碑的孩子很快就会变得更乐于交往，并具有更好的社交技能，他们愿意模仿玩伴的活动，甚至偶尔还会合作，从而达到共享的目标。

社会化是一个孩子养成习惯、发展能力、获得价值观和动机的过程。这个过程可以帮助孩子成长为一个有责任感的、具有独立思考和判断能力的社会成员。遵从父母的期望可以看作遵从社会标准的第一步，而社会化的过程可以把这些标准逐渐内化。成功社会化的孩子，不再仅仅遵循可以得到奖励或者避免惩罚的规则和要求，而是形成了自己的社会标准。

2岁左右的孩子开始表现出初步的自我管理，能控制自己的行为以符合大人的要求或期望，即使大人不在时也是如此。比如，2岁的豆豆正打算去拿放在桌子上的一把锋利的剪刀时，突然听到妈妈大声喊："宝贝，不能拿！会刺伤你的手。"这时，他就会收回自己的手。当他下次再靠近剪刀时，就可能犹豫，然后对自己说"不"，自动停止去做那些他记得不能做的事情。这就标志着从外部控制向内部控制的逐步转变，而这个重大的变化必须依赖于自我意识的出现。

自我管理是社会化的基础，它几乎和一个人的所有发展领域都相关，包括生理、认知、心理、情绪和社会性发展等。2岁的豆豆为了阻止自己去拿剪刀，就需要记住并理解妈妈的警告。但这还远远不够，除了认知，自我控制还需要学会情绪控制。在孩子能够控制行为之前，需要能够管理或者控制注意过程，需要调节负面情绪。虽然自我管理与自我意识、自我评价性情绪（骄傲、羞愧、内疚）同步平行发展，但对于大多数孩子而言，自我管理的全面发展至少要到3岁时才开始。

## 自我意识的早期发展，经历四个主要阶段

究竟什么是自我意识呢？美国心理学家苏珊·哈特认为，自我意识是将自我看作独特的、可以辨认的生命个体，它的出现建立在感知自我和他人不同的能力之上。

自我意识属于自我概念的其中一个方面。自我概念是指我们关于自己的认识，是关于自身能力和特点的整体看法。它描述了我们知道和感受到的关于自己的信息，并且可以指导我们的行为。自我意识在早期发展过程中一般会经历如下几个阶段：

（1）新生儿：就像"蛋壳中的小鸡"。大部分发展心理学家都认为婴儿出生时并没有自我意识。精神分析理论家玛格丽特·马勒等人把新生儿比作"蛋壳中的小鸡"，认为他们不能把自己和周围环境区分开。

（2）出生后4个月左右：能区分自己和他人。从4个月左右开始，婴儿就将逐渐学会抓握、伸手取东西、让事情发生，通过自己的一些行动来体验到个人力量，从而意识到他们能够控制外部世界。在这个时期，婴儿发展了自我一致性，获得一种客体存在感，将自己与世界上的其他

部分区分开。这些发展主要发生在婴儿与养育者互动的游戏中，比如"躲猫猫"，在游戏中婴儿逐渐意识到自己和他人的不同。能区分自己和他人是日后自我意识发展的基础。

（3）1岁半到2岁左右：表现出真正的自我意识。心理学上有一个经典的胭脂测试实验，研究者在6到24个月大的婴儿鼻子上涂了红胭脂，并把他们放到镜子前。大多数18个月大的孩子和全部24个月大的孩子都会触摸自己鼻子上的红色部分，明显地意识到自己的脸上多了一个红点，并清楚地知道镜子里的那个孩子是谁。但不到15个月大的孩子却从不会这样做。而且，很多1岁半到2岁左右的孩子甚至能从最近的照片中认出自己，并使用第一人称"我"或者自己的名字来称呼照片中的自己。这是自我意识发展的另一个明显的信号。

（4）4到5岁左右：形成持久的自我。4岁前的孩子虽然已经表现出一定的自我意识，但他们的自我概念仅仅局限于当前的自我，还不能领会过去发生的事情对他们现在的意义。4到5岁左右的孩子开始形成持久的自我，他们认识到随时间的发展自我是稳定的，最近发生过的事情对现在是有意义的。

那么，我们究竟该如何培养孩子完整的自我意识呢？

第一，增强社会互动，帮助孩子获得客体存在感。

社会学家查尔斯·库利和乔治·赫伯特·米德提出，自我概念在社会互动中得到发展，并在一生中经历许多变化。库利使用"镜像自我"这个术语来强调个体对自己的了解是他人对其态度的反映：一个人的自我概念是从社会这面镜子里看到的自己的影像。

当婴儿能区分自我与他人时，他们就会逐渐与大人建立互动规则，同时也认识到他们的行为会引起预期中他人的某种反应。米德认为："自我有一种根本不同于生理器官的特性。自我并非与生俱来的，而是在社会性发展过程中出现的。也就是说，自我是特定个体的自我，是个体与整体的社会性发展过程的关系，以及这一过程中个体与其他个体关系的共同结果。"①

其实，从孩子出生的那一刻起，大人就需要经常与他们进行互动，真正把他们当作社会人对待，而不是仅仅关注吃喝拉撒睡这些护理方面的事情。在婴幼儿时期，我们可以通过以下一些方式来增强与孩子的社会互动：

（1）对孩子微笑和说话。虽然刚出生的婴儿无法读懂大人脸上的表情，更不能理解我们所说的话，但是，我们仍然需要多对孩子微笑，多对着孩子说话。一方面，可以通过这样的亲子交流，让孩子逐渐形成安全型依恋关系；另一方面，可以通过这样的社会互动，让孩子慢慢认识到自己的行为所引发的其他人的反应。

（2）让孩子照镜子。如果4到5个月大的婴儿经常从镜子里看见自己，并跟大人一起玩社会性的游戏，那么就会让孩子有更多的机会把自己由运动产生的本体性感受信息与镜子中人物的行动相匹配，从而学会区分自我与他人。

（3）让孩子看自己的照片和录像。有心理学研究发现，4到5个月大的婴儿就会把自己的脸作为熟悉的社会刺激。通过观看自己的照片和录像，可以让孩子接触关于自我的某些视觉特征，逐渐建立自我形象，形成

---

① ［美］戴维·谢弗著，陈会昌等译：《社会性与人格发展》，人民邮电出版社2012年版，第176页。

关于自己身体和面部特征的清晰影像。同时，经常观看有自己和其他人一起活动的录像，5个月大的婴儿也能比较准确地区分自己和他人的影像。

（4）跟孩子玩"躲猫猫"游戏。8到9个月大的婴儿，就已经喜欢跟大人玩"躲猫猫"了。小雨9个月左右的时候，伊伊和我们就经常跟他一起玩这个游戏，要么是我们躲在他的身后让他找，要么是拿一块大一点的布或毛巾之类的东西遮住他的头，不管哪种玩法，他每一次都会被逗得咯咯大笑，并且乐此不疲。通过这样的社会互动游戏，有助于孩子逐渐获得客体存在感，把自己和他人区分开。而这些方面就是自我意识发展的基础。

第二，使用描述性语言，帮助孩子形成持久的自我感。

学龄前的孩子的自我概念是具体的、物理性的，他们根据自己的身体特点、个人爱好、拥有的东西以及能完成的动作等来解释自我，比如"我很胖"、"我喜欢画画"、"我跑得很快"等。他们很少用到心理方面的描述来评价自我，比如"我很善良"、"我比较开朗"等。

对于2到3岁左右的孩子，已经具备一定的自我认知能力和理解能力。这个阶段，我们就需要通过一些描述性信息和评价，来帮助孩子扩展他的自我概念，逐渐形成一种持久的自我感。

（1）使用描述性语言增强孩子的自我认同。自我认同包括很多方面，比如性格认同、种族认同等。在日常生活中，我们可以经常对孩子提供一些描述性信息，比如"你是一个大男（女）孩"，"你是一个聪明的孩子"，"你是很可爱的宝贝"，等等。

（2）使用描述性语言客观评价孩子的行为。当孩子做出了一些好的或者不好的行为举止时，我们就需要通过描述性语言对他的行为进行客观评价。比如"你主动把玩具收拾好啦，真是个懂事的孩子"，"你今天把阳阳推倒在地，这是错误的，下次不能这样啦"，"你都可以自己洗脸啦，真棒啊"，等等。

（3）经常跟孩子谈论有意义的事情。父母需要经常与孩子谈论那些一起经历过的事情，比如到野生动物园或者迪士尼乐园游玩后，可以问问孩子"还记得上个周末我们去哪儿玩了?"，"你最喜欢野生动物园里面的什么动物?"，"你觉得迪士尼乐园里最好玩的是什么?"，等等。通过这样的交流，可以帮助孩子把他们的经历融入到描述的情节中去，让他们回忆起对自己有重要意义的事情。这些记忆和体会，可以让孩子明白自我随时间发展是稳定的，有助于孩子逐渐形成一种持久的自我感。

第三，通过"假装游戏"，帮助孩子获得心理理论。

心理学上对于自我有很多分类，其中一个分类把自我分为别人看得见的公开自我和别人不知道的、内在的、具有反思特征的私人自我。当年幼儿童能区分公开自我和私人自我，就意味着获得了心理理论，即理解人们有愿望、想法和意图之类的心理状态。这些心理状态并不总是能与别人分享或者被理解，但常常会指导他们的行为。

获得心理理论的第一步，就是意识到自己和他人是有生命的个体，其行为反映了一定的目标和意图。6个月大的婴儿就能知觉到人的行为是有目的的，并知道人们在对待人和无生命物体时的行为是不同的。9个月大的婴儿可以表现出大量的共同注意，经常指向某个物体或事件，甚至把大人的注意引向某个物体或事件。12到14个月大的孩子能跟随成人的眼睛，找到成人正在看的东西，甚至还会朝这些东西发出声音或用手指向这些东西。18个月大的孩子已经明白，人们的愿望能影响行为，并能推断出别人的愿望。2到3岁的孩子会经常谈论感情和愿望这样的心理状态，甚至会对不同心理状态之间的联系表现出一定的理解。3到4岁的孩子形成了信念—愿望心理理论，能认识到信念和愿望是不同的心理状态，二者分别或者共同影响一个人的行为。

"假装游戏"是可以促进孩子思考心理状态的一种活动。假装游戏也可以称为象征性游戏，即模仿游戏，主要出现在幼儿园时期或者说学龄前阶段。这个阶段的孩子常常模仿成人的活动，如"过家家"、"医生与护士"、"商店购物"等，把自己装扮成想象中的角色。在这个过程中，孩子逐渐意识到人类心理的创造性潜能，知道了信念仅仅是影响正在进行的活动的心理结构，即使它们并不代表现实，正如在玩这些假装游戏中一样。

曾有一段时间，在小区和伊伊散步的时候，她发明了一种老虎抓小朋友的游戏。我扮演老虎，有自己的固定活动范围，而伊伊扮演小朋友，一般情况下她都在这个圈外活动，偶尔误闯老虎的地盘，就要跟老虎斗智斗勇，最后才能不被老虎吃掉。

我们在游戏中笑着、跑着、打闹着。就在那个时候，我仿佛也感觉回到了童年的时光，我们甚至会玩得忘记了时间，平时半小时的散步时间，我们往往会玩到一个小时。我所扮演的老虎，张牙舞爪、凶神恶煞的样子，常常引得路人围观。妻子在一旁也笑得前仰后合，而我却一点也不觉得有什么不雅，更不会感到难堪。

其实，我们一起在玩这个快乐的游戏时，也会让她对心理生活形成更丰富的理解，得出关于自己和他人行为的有意义的心理推论，逐渐理解人类表现出的复杂社会互动和合作活动。

一旦儿童获得了心理理论，并能正确区分公开自我和私人自我，他们的自我描述就会从各种身体、行为和其他外部特征，逐渐过渡到稳定的内在特征、价值观、信念和思维方式等。从儿童中期到青少年前期，孩子的自我描述更抽象或心理化。相应地，他们的自我概念也变得更心理化、更抽象。

延迟满足指的是一种能力，是人对自己想要获得的东西能够作出等待的能力。认知发展，特别是在注意力和心理表征方面的提高，使得儿童为了抵抗诱惑而使用一系列有效的自我指导策略，最终使自己的延迟满足能力得到提高。

# 10. 认知发展，提升孩子的延迟满足能力

究竟什么是延迟满足呢？延迟满足指的是一种能力，是人对自己想要获得的东西能够作出等待的能力。在心理学上，经常和自我控制等同。培养延迟满足的能力，也可以说就是在培养孩子的自我控制能力，对欲望能够克制，能够学会等待。

心理学上有一个经典的糖果实验。20世纪60年代，著名的心理学家瓦特·米歇尔在斯坦福大学的幼儿园做了一个软糖实验：实验者先给一群4岁孩子每人一粒糖果，说，"你可以随时吃掉。但如果能坚持等我回来后再吃，那就会得到两粒糖。"说完，实验者就离开了。在这个过程中，有些孩子很快就把糖吃了，也有些孩子坚持等到实验者回来，当然，他们就得到了事先许诺的两粒糖。

此后，实验者再对这些孩子进行跟踪研究，一直到他们高中毕业。

最后发现，在4岁时就能够为两块糖果等待的孩子，具有较强的竞争能力、较高的效率及较强的自信心。他们能够更好地应付挫折和压力，并且具有责任心和自信心，普遍容易赢得别人的信任。而那些没有抵抗住诱惑的孩子，抗挫折能力、自控能力较差，在压力面前不知所措，做事效率较低，自信心和责任心都不强。

## 认知发展，能促进孩子延迟满足能力的提高 [1]

认知，指的是那些使头脑中产生认识的内部处理过程及结果，它包括所有的心理活动：记忆、表征、分类、问题解决、创造、想象甚至做梦。

克莱尔·考普认为，为了以一种自我控制的方式做出行为，儿童必须有把自己作为能引导自己行为的、独立的、自动化的生物个体的能力，他们必须要有记起照料者的指导，并且把它应用到自己的行为中的表象和记忆技巧。由此可见，一个人的自我控制能力在很大程度上取决于他的认知发展水平。

尽管到第三年，孩子的自我控制能力是适当的，但它并没有完成。认知发展，特别是在注意力和心理表征方面的提高，使得儿童为了抵抗诱惑而使用一系列有效的自我指导策略，最终使自己的延迟满足能力得到提高。

有心理学家的研究表明，自我控制能力最好的学龄前儿童使用他们能想到的任何技巧来把他们自己的注意从称心的物体上转移开，包括闭上眼睛、唱歌甚至是努力睡觉。当他们的思想转向一个有诱惑的但是被禁止的目标时，儿童在思想上表示它的方式是和他们在自控力上的成功

---

[1] 引自［美］劳拉·E·贝克：《儿童发展》（第五版），江苏教育出版社2002年版，第702~704页。

有很大关系的。

在一项研究中，让一些学龄前儿童富有想象力地把一种软糖想成是"白色的一团一团的云"，要求其他的人强调现实主义，把这些软糖当作"甜甜的可咀嚼的东西"。在转化刺激、富有想象力条件下的儿童吃软糖之前会等更长的时间。

当成人没有在如何抵抗诱惑方面给学龄前儿童以指导时，儿童在延迟满足方面的能力会大大下降。相比之下，一年级和二年级的孩子不管成人是否提供给他们策略，他们都会那样做。

在小学开始时，儿童更擅长于想出他们自己的抵抗诱惑力的策略，到那时，自控力已经被转化成了一个灵活的道德自我调节的能力，即监视自己行为的能力，并且当环境出现违背内在标准的情形时，儿童能不断地调节行为。在学校他们经常被要求延迟满足，当老师提问时等待被叫起来回答问题就是很普遍的事情，而他们也已经有了耐心等待的策略。

同时，也有研究发现，在延迟满足的任务中能等待更长时间的4岁孩子，在对他们的行为运用元认知技巧方面，同青少年一样是非常熟练的。他们的父母认为他们口头上更流利并且对推理更有反应性，更善于集中注意及提前计划，能更成熟地处理压力。当应用到大学时，那些曾经是能自我控制的学龄前儿童的人在SAT中得分略高些。此外，那些擅长于延迟满足的儿童可以等待足够长的时间去精确地解释社会线索，这样会促进他们有效地解决社会问题以及建立积极的同伴关系。

## 利用最近发展区，帮助孩子延长等待时间

最近发展区，是苏联心理学家维果茨基用于指代一定范围内任务的

术语。最近发展区的最低限是儿童独立作业所达到的技能水平，最高限是在有能力的指导者的帮助下儿童可以接受的附加水平。最近发展区表述了儿童成熟过程中的认知技能，这些技能只能通过拥有更多技能的个体的帮助才可以实现。

在培养孩子延迟满足能力的过程中，一个很重要的任务就是要让孩子逐渐学会等待、学会忍耐。利用最近发展区的这个认知发展理论，我们就可以帮助孩子逐步延长等待时间。

比如，当幼儿阶段的孩子突然看到别的小朋友买了一个自己从来没有玩过的新鲜玩具，他往往就会忍不住去抢这个玩具。这个时候就是我们利用最近发展区引导孩子学会等待的契机。

我们可以跟孩子说："宝贝，我知道你最喜欢玩小汽车了，特别是以前没有玩过的那种，就像琦琦现在玩的小汽车。你看他玩得多开心啊！"这样的对话既是缓兵之计，同时还可以转移孩子的注意力，让他多关注别人的一举一动。

过一会，如果孩子又开始想起自己要玩时，可以接着告诉他："这个小汽车是琦琦买的，他现在还没有玩够呢。你只能等到琦琦同意给你玩的时候才能玩哦。要不，你自己去跟他商量一下，再过5分钟是否可以给你玩一会儿。"

一般情况下，当孩子能主动去跟别人商量时，对方很可能就会爽快地答应。即使不能做到过5分钟后让出玩具，至少也会告诉孩子再过多长时间就可以给他玩了。

在这个过程中，孩子等待的时间在逐渐延长，耐心也会不断增加。这不但对延迟满足能力的培养大有裨益，还对同伴交往能力的提升有所帮助。

## 利用角色扮演，帮助孩子提升认知技能

角色扮演究竟是如何帮助孩子提升认知技能的呢？按照维果茨基的理论，它是从两个方面做到的。首先，当儿童在游戏中创造了想象的环境时，他们学习按照内部的思维行事，而不仅仅是对外部刺激做出反应。其次，它以规则为基础，同样强化了儿童在行动前的思考能力。

维果茨基指出，角色扮演不断地要求儿童抵抗他们的即时冲动，因为他们必须按照社会规则来扮演角色。当儿童在角色扮演中执行规则时，他们就能更好地理解社会规范和期望，并努力遵循这些规范和期望。

伊伊刚上小学一年级的时候，周末在家最喜欢干的一件事情就是给外婆当老师。在她3岁左右时，我们就买了一个小黑板回来，主要是希望给她一个可以乱涂乱画的空间。万万没想到，这个黑板可以派上正式的用场了。

令我们惊讶的是，她这个小老师却当得有模有样的。上课前，她会一本正经地向外婆宣布课堂纪律，比如身体要坐直、不能东倒西歪，发言要举手，想上厕所要事先报告老师，不许跟别人说话（即使外婆身边没有任何人）等。

上课的过程中，她会经常问外婆是否听懂了，也会给她布置课堂练习，还要求她字迹要工整，不能像爸爸那样龙飞凤舞。上完课，伊伊还会给外婆出一张小测验，检查外婆的学习效果。每当外婆做错题目时，她就会奔走相告，生怕其他人不知道，同时还会毫不客气地批评外婆上课不认真。

自从伊伊上了小学，这样的场景就经常在我们家上演。外婆经常扮演学生的角色，偶尔也会找我和她妈妈充当临时替补的角色。无论是谁

当她的学生，她都一视同仁地对待。

在这样的角色扮演活动中，她不仅对学校老师的角色和工作有了更直观的了解，而且对于如何做一个遵守课堂纪律、认真听课、按时完成作业的好学生，如何严格遵守老师的要求和学校的规则，她也会有更多的认识和思考。

## 利用身边榜样，帮助孩子进行观察学习

心理学家班杜拉的认知社会学习理论把观察学习视作发展过程中的一个核心因素。观察学习是一种很简单的学习，是指通过观察别人（称为榜样）的行为而学习。

如果在观察中没有认知过程参与，观察学习就不会发生。如果我们要在以后模仿观察行为，就必须认真地注意榜样的行为，对观察的行为加以领会或编码，然后把这一信息以图像或语言信号形式储存到记忆中。

对于培养孩子的自控力或者延迟满足能力来说，我们完全可以利用孩子身边的榜样，引导孩子通过观察学习和模仿榜样的良好行为，从而逐渐学会等待和忍耐，学会控制自己的情绪和行为。

按照埃里克森的毕生发展理论，1岁之前，母亲和最初的养育者是最重要的社会代理人；1到3岁，父母是重要的社会代理人；3到6岁，家庭是重要的社会代理人；6到12岁，教师和同伴是重要的社会代理人；12到20岁，同伴群体是主要的社会代理人。

因此，在不同的发展阶段，都会有不同的榜样可以作为孩子进行观察学习的对象。当然，身边的榜样既可以给孩子带来积极的影响，同样也可以对孩子造成负面的影响。

在引导孩子进行观察学习时，我们需要注意以下几个方面：

（1）父母和家庭成员首先要以身作则，给孩子树立一个良好的榜样。比如，在人多的地方自觉排队，让孩子明白什么是"先来后到"；在面对诱惑的时候成功抵御，让孩子明白什么是"控制欲望"；在情绪即将爆发时学会暂停，让孩子明白什么是"情绪控制"。

（2）引导孩子逐渐学会选择同伴。当孩子进入幼儿园和学校以后，同伴对他的影响甚至会超过父母。所以，我们就需要教会孩子识别和挑选那些志同道合、志趣相投的同伴。

同时，让孩子减少或拒绝跟以下几类同伴的接触和交往：① 极端自我中心、自私自利的同伴；② 喜欢欺负别人、爱占小便宜的同伴；③ 有很多不良行为习惯的同伴；④ 脾气暴躁、容易冲动的同伴；⑤ 品行不端的同伴。

（3）筛选适合孩子观看的影视节目。除了日常生活中接触到的榜样以外，如今荧屏上的人物也日益成为孩子观察学习的对象。在科技日新月异的信息化时代，要让孩子与影视节目完全隔绝，既不现实，也没必要。家长最明智的做法就是帮助孩子对节目进行筛选和把关，把那些不适合孩子观看的节目（比如内容涉及暴力、色情、低俗等）拒之门外。

教养贴士

　　伴随认知发展而出现的语言发展，不仅可以帮助孩子增强社会互动，还可以作为早期的一个重要思维工具，帮助提升孩子的自我指导策略，从而提高他的自我管理和自我控制能力。

## 11. 语言发展，提升孩子的自我指导策略

　　观察学龄前儿童的日常活动，我们经常会看到孩子在独自探索或者与别人玩游戏时经常大声地对自己说话。比如，咿呀学语的婴儿会一边指着绘本《轱辘轱辘转》上的各种各样的车，一边自言自语地说"车车"；一个四五岁的孩子会说："曲奇饼干在哪里呢？我现在饿了。妈妈好像已经在做饭了，我还是不吃饼干了吧。"

　　有两位认知发展心理学家对上述现象，从完全相反的角度进行了解释。瑞士著名心理学家皮亚杰把它称为自我中心语言，他说年幼的孩子的讲话通常是讲给自己听的，并认为认知的成熟与某些社会经历相关，也就是与同辈人意见不一致，最终将结束自我语言。

　　而苏联著名心理学家维果茨基对皮亚杰认为年幼儿童的语言是自我中心的和无社会性的结论提出了强有力的反对意见。他提出儿童对自己

说话是出于自我防卫和自我指导。根据他的研究，儿童使用语言不仅是为了社会互动，语言还可以帮助他们解决任务。他把年幼儿童为了自我管理而使用的语言称为私人语言。

从维果茨基的研究不难看出，伴随认知发展而出现的语言发展，不仅可以帮助孩子增强社会互动，还可以作为早期的一个重要思维工具，帮助提升孩子的自我指导策略，从而提高他的自我管理和自我控制能力。

## 私人语言和思维发展 [①]

维果茨基在《语言和思维》一书中指出，人类的心理活动是社会而不是独立学习的结果。根据他的观点，当儿童能应付每天的新任务的挑战时，他们致力于与成年人和尽力帮助过他们的更专业的同辈进行合作性对话。在这些相互作用下，与特定文化相适应的认知发展历程就传输给了儿童。他认为语言在认知改变的过程中是非常重要的，因为语言是人类社会交往中的主要手段。事实上，维果茨基认为语言能力的获得是儿童成长中最重要的成就。

他认为语言和思维最初独立发展，然后合并。儿童在能向内聚焦自己的思维之前，必须使用语言来与他人交流。儿童同样也必须进行外在交流，并在完成将外部语言转为内部语言之前的很长时期内使用语言。这个转换期发生在3到7岁之间，并且包括儿童的自言自语。

一段时间以后，自言自语就变成了默默无语，他们可以在不说出话的情况下做出行为。这时儿童以内部语言的形式内化了他们的自我中心

---

① 引自［美］约翰·W·桑特洛克著，桑标等译：《毕生发展》，上海人民出版社2009年版，第216~217页。

语言，而这内部语言就变成了他们的思维。

维果茨基认为，可以使用许多私人语言的儿童比不会使用私人语言的儿童具有更强的社会性能力。他认为私人语言代表着儿童更加具有社会性交流的早期转变。在他看来，年幼儿童自言自语时，他们就在使用语言来管理他们的行为并指导自己。比如，一个儿童在玩拼图游戏时，他可能对自己说："哪些图块我应该先拼起来呢？我先试试这些绿色的。现在我需要一些蓝色的。不，那块蓝色的不适合放在这里，我把它放在那儿试试。"

后来的研究者已经发现证据支持维果茨基的观点，私人语言在儿童发展中起到了积极的作用。他们发现，儿童在发现任务困难、连着犯错误以及不太确定接下来如何进行的时候会更多地使用私人语言。他们同样还指出，使用私人语言的儿童更加聚精会神，并比不使用私人语言的儿童进步更大。

## 早期语言发展的规律 [①]

在孩子出生后的头几个月以及头几年里，语言发展与大脑的快速发育密切相关。新生儿的哭是由脑干和脑桥控制的，脑干和脑桥是大脑最原始和发育最早的部分。婴儿重复性的咿呀学语随着大脑的部分皮层运动区的成熟而出现，皮层运动区控制着面部和喉部的活动。直到出生第二年，大多数孩子开始说话的时候，连接听觉和肌动活动的通路才逐渐成熟。

---

① 引自［美］戴安娜·帕帕拉等：《孩子的世界》（第11版），人民邮电出版社2013年版，第242页。

每个婴儿获得语言能力都要依靠生理发展、认知发展和社会性发展的共同作用。当身体结构的发声系统发育成熟，将声音和意义联系在一起的神经联结被激活时，社会交往便能够激活和促进语言沟通。

从出生到3岁的语言发展里程碑如下：

- 刚出生：能够感知到语言，会哭，能对声音做出某种反应；

- 1.5到3个月：发出咕咕声，会大笑；

- 3个月：与声源玩闹；

- 5到6个月：能够识别经常听到的声音；

- 6到7个月：能够识别母语的所有音素；

- 6到10个月：咿呀学语，能够发出一连串的辅音和元音；

- 9个月：使用手势来交流，并且能玩手势游戏；

- 9到10个月：有意地模仿声音；

- 9到12个月：能够使用某些社交手势；

- 10到12个月：还不能辨别非母语的声音；

- 10到14个月：说出第一个词，通常是某事物的标签；

- 10到18个月：会说单个词；

- 12到13个月：能够理解名字的象征意义，词汇量有所增加；

- 13个月：能够使用更多的复杂手势；

- 14个月：使用符号手势；

- 16到24个月：学会很多新单词，富有表达性的词汇量迅速增加，从50个词增至400个，能够使用动词和形容词；

- 18到24个月：说出第一个句子，两个单词；

- 20个月：使用更多的手势，能够说出更多事物的名字；

- 20到22个月：理解力突然提高；
- 24个月：能够使用许多两个词的短语，不再是咿呀学语，开始想要对话；
- 30个月：几乎每天都学新词汇，能够将3个或更多的单词连起来说，理解力更强，说话经常出现语法错误；
- 36个月：能说出更多单词，其中80%是可以理解的，句序经常出现错误。

语言发展分为语言理解和语言表达两部分。语言理解能力的发展先于语言表达能力的发展。语言理解能力主要包括：孩子能够理解的单词的数量；孩子能否听懂父母的指令；孩子能否听懂问题；孩子能够理解的句子的数量；对一些基本概念的理解；对一些抽象概念的理解等。

语言表达能力主要包括：孩子能够表达出来的词汇量；能否将单词组合到一起，组成短语或者简单的句子；孩子能否向别人提问；能否运用复杂的句子表达等。

很多家长更关注自己的孩子几岁开始说话、几岁开始认字、几岁开始读书，往往容易忽视孩子的语言理解能力的发展。其实，语言理解能力是语言表达能力的基础，当然语言表达也能促进语言理解能力的发展。

那么，我们究竟如何促进孩子的语言发展呢？

第一，大人经常说给孩子听，增强孩子的语言理解能力。

语言是一种社会行为，在早期语言发展的每个阶段，孩子与父母或其他照料者之间的互动都发挥着非常关键的作用。因此，从婴儿出生的那一刻，大人就要经常说给孩子听。虽然刚开始孩子尚无法听懂大人的语言，但是这样的亲子对话就是一种早期的"输入"，能极大地促进孩子的语言理解能力的发展。

（1）做一个主动的交谈对象。

心理学有研究表明，婴儿在出生之前听到的"母亲的语言"可以"提前定调"婴儿耳朵接收的声音。婴儿在学会使用单词之前，会不断地通过哭、咕咕声、咿呀声等来表达自己的需要和感受。这有助于提高婴儿识别和理解语言的能力。所以，当孩子还在娘胎中时，大人就要做一个主动的交谈对象，并一直保持下去，经常说给孩子听，保证婴儿能够从大人身上得到足够的语言刺激。

（2）大人重复说给孩子听。

在咿呀学语期，大人通过重复婴儿发出的声音可以帮助婴儿逐步接近真正的语言，比如，当孩子懵懂地发出"妈妈"、"爸爸"时，我们就可以字正腔圆地跟他重复这些简单的词语。婴儿就可能马上跟着大人重复这种声音。大人模仿婴儿发出的声音会影响婴儿发声的数量和语言学习的节奏。同时，这也有助于婴儿体验语言的社会性。

（3）帮助婴儿理解口语单词。

在一项研究中发现，母亲对9个月或13个月大的婴儿的发声和游戏做出反应，能够预测婴儿语言发展里程碑的时间，比如最初的口语单词和句子。大人可以通过一定方式帮助孩子理解日常生活中的口语单词。比如，我们可以指着一个玩具说，"请把车车拿给爸爸"，鼓励孩子跟踪自己的视线；如果孩子没有任何反应，我们可以拿起玩具对孩子说，"这是车车"。

（4）使用儿语化的语言风格进行交流。

当我们和孩子说话的时候，不要担心其他人听起来会有什么感受。

在大人和孩子交流的过程中，语言的情感比语言的内容更重要。如果我们仍然采用跟成人交流的语气和词汇对孩子说话，孩子很快就会感到枯燥，更不会认真听大人说话。我们可以把讲话的速度放慢，声调变高，用比较夸张的、抑扬顿挫的语气，使用简短的单词和句子，不断地重复。这就是儿语化的语言风格。

第二，鼓励孩子说给大人听，提高孩子的语言表达能力。

当到了1岁左右，大部分孩子都已经开始学说话，哪怕是迸出几个简单的单词。在语言表达方面，女孩的发育相对比男孩早一些。大部分女孩在1岁之前基本上就能清晰地说出几个词语或者短语，比如"妈妈吃"，大部分男孩可能都要到1岁以后才能达到这个水平。无论女孩还是男孩，只要孩子开口说话，我们就要多鼓励孩子说给大人听，逐渐提高他的语言表达能力。

（1）认真聆听孩子所说的话。

由于刚开始说话的时候，孩子都会表现得很缓慢和吃力，因而有些家长就会迫不及待地帮助孩子说出他们的想法。大人一定要有耐心，无论孩子说得多么艰难，不管我们有多着急，都要让孩子尝试表达自己的想法，等到孩子说完以后再去帮助孩子。

（2）经常跟孩子互动交流。

通过倾听大人说的话，孩子逐渐学习语言。当孩子开始说话时，大人可以通过重复最早说出的单词和纠正发音来促进孩子的语言发展。在跟大人互动交流的过程中，孩子通过模仿可以学到很多词语和简单的句子。更为重要的是，大人在交流中对孩子的敏感回应和积极关注非常有利于孩子的语言发展。

（3）利用重塑法进行重新陈述。

重塑是一种对儿童所说的话进行措辞改变的方法，通过把话语变成提问的方式、以完整语法的句子形式把孩子不成熟的语言进行重新陈述。比如，当孩子说"猫猫在叫"，我们就可以问他"猫猫在哪里呢"；当孩子看见面包说"要吃"，我们就可以说"宝贝要吃面包"。

（4）大声读给孩子听。

大人为孩子阅读的频次和方式可以影响孩子的说话能力，最终影响读写能力。大人为儿童阅读分为三种类型：叙述型、理解型和成就取向型。叙述型阅读，集中于描述图片中发生的故事，并鼓励孩子进行复述。理解型阅读，鼓励孩子更加深入地思考故事的意义，并作出推论和预测。成就取向型阅读，直接将故事讲完，在阅读之前向孩子介绍故事主题，读完后向孩子提问。

有心理学研究发现，如果儿童在1到3岁间经常听大人大声阅读，尤其是对话式阅读，那么，他们在2到5岁期间会表现出较好的语言技能，7岁时会表现出较强的阅读理解能力。

**教养贴士**

情绪能力，既影响社会能力的发展，又是衡量自控力的一项重要指标。在儿童中期，孩子可以通过一些方法和策略更有效地控制和调节情绪，6岁以后的孩子已经可以逐渐学会管理自己的情绪。

## 12. 情绪发展，提升孩子的情绪能力

丹尼尔·戈尔曼在《情商》一书中提出："如果你不能控制自己的情绪，如果你没有自我认识，如果你不能管理自己的负面情绪，如果你不能推己及人并拥有有效的人际关系，无论你多么聪明，都不可能走得很远。"

虽然情绪这个词几乎无人不晓，但是心理学界目前并没有一个公认的严格定义。在《社会性与人格发展》一书中，戴维·谢弗认为情绪是由多种成分构成的：（1）感受，通常具有积极或消极的特点；（2）相关的生理反应，包括心率的变化、皮肤电反应（即汗腺活动）、脑电波活动；（3）认知，引发或伴随感受和生理变化的认知活动；（4）目标，或采取行动的愿望，如趋利避害、影响他人的行为、交流需求或愿望等行动。

他还举了一个简单例子来说明情绪的上述四个成分。假设一个男孩看到他3岁生日收到的礼物卡车玩具时神采飞扬，他的这种非常积极的感受伴随着心率加快和可能的认知活动——"我得到了我想要的"，并且这些"快乐"的伴随成分会驱动他马上去接近玩具（或向满足他愿望的人表达感谢）。

尽管戴维·谢弗并未给出一个关于情绪的确切定义，但他归纳的情绪的四个组成部分却对我们更深入和准确地理解孩子的情绪大有裨益。当孩子表达出一种情绪时，家长虽然对孩子的感受和认知无法捕捉，但我们完全可以通过观察孩子的生理反应和表现出来的行为去琢磨孩子的感受和可能的认知活动。因此，要读懂孩子的情绪并且提升孩子的情绪能力，我们就必须对孩子的情绪发展规律有一定了解和认识。

## 情绪分为基本情绪和自我意识情绪

在情绪的发展研究中，一般把人类情绪分为基本情绪（或初级情绪）和自我意识情绪（或次级情绪）两大类。

基本情绪是指那些存在于人类和其他动物身上的情绪。这些情绪被看成是"基本的"是因为它们有很强的生理基础，这些情绪在生命早期就出现了，并具有跨文化的普遍性。基本情绪包括愉快、愤怒、悲伤、惊讶、恐惧和厌恶等六个方面，可以简称为喜、怒、哀、惊、惧、厌。这些情绪在孩子出生后的6个月内就出现了。

自我意识情绪是指那些需要自我觉察的情绪，有时也被称作次级情绪。它们的出现晚于基本情绪，在动物身上表现得并不明显。自我意识情绪包括同情、嫉妒、尴尬、自豪、羞愧和内疚等。这些情绪需要等到孩子的自我意识出现之后才会逐渐出现，一般都要到1岁半到2岁左右。因为当自我意识情绪产生后会涉及他人的情绪反应，也有人把自我意识情绪称作"他人意识情绪"。

当家长对孩子的情绪分类有所了解之后，我们就能根据孩子的各种表现更准确地区分情绪类别，并且知道六个方面的基本情绪是与生俱来的。

## 儿童情绪语言和情绪理解的发展规律

儿童谈论自己和他人的情绪以及理解情绪的能力发展是儿童早期情绪发展最重要的变化之一。

（1）在2~4岁之间，儿童的情绪词汇增加迅速，能准确地识别自己和他人的简单情绪，能谈论过去、现在和将来的情绪；能谈论情绪的原因和后果，可以识别与特定情境相联系的情绪；在假装游戏中会使用情绪语言。

（2）4~5岁时，对情绪做出口头反应的能力增强，能思考情绪和情境间较复杂的关系；明白同样的事情可以引发不同人的不同感受，在事件发生后，情绪可以持续很久；控制、调节情绪以及适应社会标准的意识逐渐增强。

（3）在儿童中晚期，孩子更加有意识地调节、控制自己的情绪以适应社会标准。在这个阶段，儿童的情绪发生了一些重要变化：理解自豪、羞愧等复杂情绪的能力有所增强；逐渐明白在特定情境下，个体有时会感受到多种情绪；逐渐倾向于更充分地考虑引发情绪反应的事件；压抑和隐藏消极情绪的能力显著增强；使用自发策略来引导情绪。

在儿童中期，孩子可以通过一些方法和策略更有效地控制情绪，还会通过一些表达规则有意地掩饰真实的感受，已经可以做到真正的共情和换位思考。换句话说，就是6岁以后的孩子已经可以逐渐学会管理自己的情绪。而能否学会管理和控制自己的情绪，也是衡量儿童自控力的一项重要指标。

## 情绪能力影响社会能力的发展

发展心理学家认为，情绪能力对儿童的社会能力发展是非常重要的。社会能力主要是指在与别人保持积极关系的社会交往中实现个人目标的能力。

情绪能力又可以细分为三种能力：（1）情绪表达能力，指经常表达积极情绪、较少表达消极情绪的能力；（2）情绪认知能力，指正确分辨他人的情绪和导致这些情绪的原因的能力；（3）情绪调节能力，指把情绪唤醒的体验和情绪表达的强度调节到恰当水平，以便成功实现个人目标的能力。

心理学的研究发现，上述三种情绪能力中的任何一种能力都与儿童的社会能力相关。比如，经常表达积极情绪、很少愤怒或伤心的孩子，更容易得到老师的表扬和喜欢，同伴关系也会更好；情绪识别和理解能力较强的孩子，老师对他们的社会能力的评价会较高，他们也能轻松地与同学建立积极关系；而在调节情绪方面有困难的孩子，经常会被同伴拒绝，并且容易出现过分冲动、缺乏自控、攻击行为，甚至焦虑、抑郁和社交退缩等适应问题。

在儿童成长过程中，如果逐渐懂得了人们期望他们怎样表达特定情绪、抑制或调节少量的不符合社会期望的情绪，懂得了他人表达的情绪的意义，懂得了作为接受者应该怎样对这些信号做出回应，那么他们的社会能力发展就会比较好，社会适应就会更容易。这些方面，对他们顺利度过儿童期、青少年期乃至整个一生都至关重要。

## 提升孩子的情绪表达能力

我们在人际交往中常常会发现有一种人是很善于与人交往的，他们总是给人良好感觉和正能量。在这一类人中，心理学家发现，他们有一些共同点：能忽略同伴的缺点而接纳和支持同伴；他们看自己是好的、有能力的、有价值的，同样看别人也是好的、有能力的、有价值的；他们不怕被人依赖，能给人空间，也能与人亲密接触。这就意味着他们经常表达积极的情绪，体验积极的情感，积累了很多正面的能量。

在孩子的学习和生活中，难免会遇到未曾预料的挫折和困难，有时甚至还会遭遇不公正的对待。有些是人为因素所致，有些却是现实环境所迫。对于外部环境，孩子无力解决，也无法回避。我们到底应该怎么办？

首先，家长要帮助孩子调整心态，用积极的方式解读客观现实，让孩子成为一个幸福的人。面对同样的事情，人们往往会产生不同的理解，有人习惯从负面解读，有人习惯从正面解读。不同的解读方式，就会带来不同的结果。

如果孩子能够快乐地学习、积极地生活，就会更容易发现学习的乐趣、生活的美好，孩子的人生也就会发生变化。当我们积极看待问题的时候，其实环境也会发生变化，开始向我们希望的方向发展。

其次，家长要培养孩子的自尊，提升孩子的自信，增强孩子对自我价值的积极评价。拥有高自尊的人，往往有良好的自我认同，有充分的安全感，能够确认自己的长处，对自己的弱点也能适当接纳；他们有很好的自主性，对环境的适应能力强，能够为自己做的事情负责任；他们有热情，敢去尝试，不怕犯错误，总能从错误中获得经验，从而更加确认自己；他们在遇到困难的时候，会寻找各种解决办法，也会坦然寻求别人的帮助；他们真实、坦然，不会扛着沉重的面子，敢于表现真实的自我，在与人交往中，他们也容易产生同理心。

成长的目标，就是成为自己，当然是一个真实的自己。而我们的教育总是讲"好"，要求孩子做"好孩子"，而忽略"真"，如果失掉了"真"，"好"会变成一种强制。孩子开始压抑自己的情绪，忽略自己的需求，牺牲自己的观点，只为换取别人的好感和好评。

其实每个真实的人都会存在缺点和劣势，我们要帮助孩子确认自己做得好的经验，接受别人对自己的积极评价，也能抵御来自环境的贬损因素，不因为自己有错误、缺点而过分苛责自己，也不会用别人的负面评价来定义自己，能综合自己的经验，更全面、真实地看待自己。

## 提升孩子的情绪认知能力 [①]

当别人的情绪出现以后，父母就要引导孩子察觉他们的情绪，试着理解别人的感受是什么。我们还要帮助孩子用语言说出别人的感受，找到一些恰当的与情绪对应的词语，说出别人的感受有利于让孩子更清楚地识别他人的情绪。

我们可以从以下几个方面去教孩子学会识别和理解他人的情绪：

---

① 引自付小平：《陪孩子一起幼小衔接》，电子工业出版社 2014 年版，第 129~130 页。

（1）帮助孩子积累表达感受的词语。父母是孩子的情感导师，我们可以抓住日常生活中的机会教孩子掌握一些表达感受的词语，让孩子懂得如何描述他人的感受。比如，当同学遇到困难或挑战时，可以对孩子说："他现在一定很郁闷吧！这道题确实很难"；当别人被欺负时，可以对孩子说："他现在肯定很伤心吧！"；当别人被误解时，可以对孩子说："他是不是很委屈啊"，等等。

（2）告诉孩子一些关于感受的身体反应。我们可以教给孩子一些基本常识，让孩子了解当我们遭遇某种情绪的时候，身体会有什么样的反应。比如，当人们害羞时，脸会变红；当人们愤怒时，会咬牙切齿；当人们沮丧时，会垂头丧气；当人们高兴时，会手舞足蹈，等等。

（3）利用可视化材料来帮助孩子描述他人的感受。通过绘本、视频、照片或图片等可视化材料，声情并茂地告诉孩子别人经历的不同感受。比如，"这张图片中的阿姨正在为丢了手机伤心不已，眼泪快要掉下来了"；"电视里的小朋友找不到爸爸妈妈，害怕得大声哭了"；跟孩子一起读绘本的时候，可以讨论故事中人物的感受，"艾玛奶奶走了，思达是不是很难过啊"，等等。

（4）教孩子通过观察别人的面部表情或身体语言来识别他人的感受。我们经常会带孩子出去玩或去超市购物等，在这个过程中可以让孩子多留意一些场景，观察和识别他人的情绪。比如，很多人一起排队时突然看见有人插队，让孩子观察被挤到后面的人的反应，了解他人生气的感受。

（5）利用机会让孩子描述自己的感受。除了识别和理解他人的情绪和感受，我们还可以利用真实场景，或者通过玩游戏的方式，来为孩子创造机会描述自己的情绪和感受。比如，"你是不是还在为弟弟搞乱了你的抽屉难过呢？你生气了吗？""如果你的金鱼死了，会很伤心吗？"，等等。

## 提升孩子的情绪调节能力

从婴儿期开始，成功调节自身情绪的能力就需要作为一项重要能力进行培养。情绪自我调节包括控制情绪和把情绪唤醒调节到适宜的强度水平来达到个人目标的能力。对情绪的自我调节，主要体现为掌控自己的感受、伴随感受的生理反应、情绪有关的认知以及情绪相关的行为等方面。在孩子发展的不同阶段，父母需要关注情绪调节能力发展的重点和方向也不同。

（1）婴儿期：调节婴儿的情绪唤醒。在出生后的前几个月，我们需要控制婴儿接触过度刺激的事件，通过轻拍、摇晃、举起、轻唱或给过度活跃的婴儿一个安抚奶嘴等方式调节婴儿的情绪唤醒。6个月左右的婴儿能让身体远离不愉快的刺激，或者通过吮吸自己的拇指、安抚奶嘴等方式，来调节消极情绪。我们要为孩子提供积极情绪的榜样，尽可能在孩子面前表现出开心、好奇等积极情感，同时经常关注孩子的积极情感并及时回应、对婴儿的消极情绪较少做出回应。

（2）1岁半到6岁左右：帮助孩子形成情绪自我调节的认知策略。到了18到24个月左右，孩子就开始逐渐学会与大人谈论情绪。因此，父母要多跟孩子一起讨论自己和别人的情绪和感受，这些关于自己和他人的情绪对话，可以大大促进孩子的情绪理解和情绪自我调节。

在调节消极情绪方面，父母可以采用转移注意力的方法，把孩子的注意力集中在积极事件上，或者用其他方法帮助孩子理解消极情绪。3到

6岁的孩子就开始运用自己已经习得的情绪调节认知策略来调节消极情绪，比如，把注意力从令人害怕的事情上进行转移，想一些高兴的事来克服不愉快的心情。

（3）6岁以后：引导孩子学习和遵守情绪表达规则。每个社会都有一套自己的情绪表达规则，来衡量各种情绪在不同情境下的表达是否恰当。在整个小学阶段，孩子越来越多地了解到社会认可的情绪表达规则，并逐渐学到越来越多的在不同情境下应该表达哪些情绪或者不应当表达哪些情绪的知识。无论所处的社会文化下的情绪表达规则如何，只要孩子学会了怎样恰当地表达自己的各种情绪，就能帮助他更好地适应社会。

# 第三篇

# 社会性发展，让孩子管好
# 自己的行为

　　社会性发展指的是儿童获得社会中年长成员所认为的那些重要和适宜的观念、动机、价值观以及行为的过程。自我控制能力培养是儿童社会性发展的重要任务之一。

　　社会性发展成熟的标志就是个体已经学会了自律，能从情感、认知和行为等方面依据已经内化的道德原则和社会规则行事，而不是根据本能和快乐原则行事。能管好自己的行为，是自我控制的最高级的表现形式。

**教养贴士**

　　亲社会性的发展，不但可以减少孩子的暴力倾向和攻击行为，而且可以帮助孩子发展同情心，让孩子学会感同身受和换位思考，培养乐于助人的精神和利他主义的品质。

# 13. 亲社会性，让孩子发展利他行为

　　无论人还是动物，只要生活在一个群体中，就需要相互合作、乐于分享、愿意帮助别人。这些品质，用心理学上的术语讲就是亲社会性。亲社会性是与攻击性相对立的一种品质，亲社会行为是有利于别人的行为。

　　不管是奉行集体主义的东方社会，还是倡导个人主义的西方社会，当孩子尚在襁褓中时，很多父母就已经开始鼓励分享、合作和助人等亲社会行为了。

　　亲社会性的发展，不但可以减少孩子的暴力倾向和攻击行为，而且可以帮助孩子发展同情心，让孩子学会感同身受和换位思考，培养乐于助人的精神和利他主义的品质。这些方面，最终有利于帮助孩子学会控制自己的情绪和行为，从而增强孩子的自我控制能力。

## 亲社会性发展的四大阶段 ①

认知发展理论与社会信息加工理论都认为，合作、分享、安慰、主动帮助别人之类的亲社会行为在儿童期表现得越来越明显。随着儿童的智力发展，他们也会获得重要的认知技能，这将影响到他们对亲社会行为的推理和利他行为的动机。

认知发展理论指出，亲社会性的发展可以分为四个主要的阶段：

（1）从2岁开始，可以观察到某些分享和同情的表现。在这个阶段，当孩子看到他人痛苦时，通常自己也会感到不安，有时还会试着去安慰正处于痛苦中的同伴。儿童早期同情心的个体差异在某种程度上可以归因于气质的差异，比如，胆小、行为抑制的2~3岁孩子比胆大、非抑制的孩子更可能对别人的痛苦感到高度紧张。

（2）3~6岁，幼儿仍然是自私的，在遇到亲社会问题时，他们往往是自私的或快乐主义的。如果对别人有利的行为也可以给自己带来好处，那么他们就会表现出更多的亲社会行为。

（3）儿童中期到青少年前期，孩子的自我中心倾向越来越弱，具有重要意义的角色承担技能逐渐形成，开始关注别人的合理需要，并将其作为亲社会行为的理由。在这一时期，孩子开始认为，大多数人认可的好行为，就应该去做。在世界各国的不同文化中进行的研究都发现，从小学低年级以后，分享、助人和其他亲社会行为越来越普遍。

（4）青少年时期，孩子已经能够理解并认同抽象的社会规范、社会责任规则等。这些社会认可的行为准则，将鼓励他们把友好行为推及更

① 引自［美］戴维·谢弗著，陈会昌等译：《社会性与人格发展》，人民邮电出版社2012年版，第342~344页。

多需要帮助的人身上，并激发他们把亲社会行为当作个人责任，如果他们漠视自己的义务，就会产生自责或内疚感。

## 让孩子学会感同身受

马丁·霍夫曼认为，移情的能力，即我们被别人的情绪所激发，并能感同身受地体验别人情绪的能力，是利他倾向的生物基础。他甚至还提出这样一个问题：如果不是因为具有分享他人情感、体验他人痛苦的能力，难道人还有别的理由置自私的动机于不顾，而去帮助他人或不去伤害他人吗？

父母可采用以下途径培养孩子的移情能力（也称为共情能力或同情心）：

（1）采用情感体验法，引导孩子体验别人的情绪。

除了先天气质，同情心的个体差异还可能受到父母对儿童伤害别人的反应的影响。缺乏同情心的孩子，他们的父母很可能更多地使用训斥或打骂等方式来纠正孩子伤害别人的行为。

那些具有同情心的孩子，他们的父母则会经常采用情感体验法来引导孩子，通过帮助孩子理解他自己的行为与该行为引起别人的痛苦之间的关系来培养孩子的同情心。比如，当孩子动手欺负小伙伴之后，父母对孩子说："宝贝，不能打人！你把阳阳吓哭了，看他哭得多伤心啊！如果把他的脸抓伤了，会一直流血的，当然他就会更难过的。"

（2）利用情绪爆发的机会，让孩子学会感知别人的感受[1]。

移情能力的培养，需要孩子初步具备以下几个方面的能力：强烈的

---

[1] 引自付小平：《陪孩子一起幼小衔接》，电子工业出版社 2014 年版，第 136~137 页。

自我意识，知道自己和别人的不同；识别别人表情的能力；具有丰富的情感，能承受他的感受；理解别人为何产生某种感受；为了考虑别人从而规范自己的行为。

父母需要根据孩子在不同阶段的发育特点，创造机会让孩子去体会别人的感受，鼓励孩子站到别人的角度去想问题，让孩子学会感同身受。我们可以通过一些角色扮演或真实场景，让孩子学会感知别人的感受。

随着伊伊进入小学的学习，她的自我意识和自主性都比以往增强。有时候，她喜欢对大人指手画脚，甚至威逼利诱，主要目的就是希望大人按照她的想法去做，否则就会不高兴或大吵大闹。

有一天早餐时，外婆把一个鸡蛋剥好，考虑到孩子不喜欢吃蛋白，所以就掏出里面的蛋黄，放到伊伊喝豆浆的碗里。此前外婆也这样做过，伊伊明确表示过下次不要再和豆浆放到一起。所以这下可把伊伊惹火了，对外婆大声说："我不是跟你说过不要放到一起的吗？我不吃蛋黄了，赶快挑出来。"外婆连忙说自己忘了，正准备去挑，这时妈妈却不同意："伊伊，赶快把蛋黄吃了。跟豆浆放到一起有什么啦！这样不是免得噎着吗？"不管怎么说，她就是不愿意这样吃蛋黄。拗不过她，外婆只好按照她的要求从豆浆里面挑出了蛋黄。整个过程，我只是旁观，没有掺和。

不过，在上学的路上，我借机跟伊伊聊起了早上的事情："伊伊，你是不是特别不喜欢把鸡蛋和其他东西放在一起吃，所以你才会这么生气的啊？"看我这么理解她，于是很开心地告诉我："老爸真好！还是你最了解我。老爸才是我最喜欢的人。"说完，还让我蹲下来，猛亲我好几下。

就在她亲我时，我继续对她说："那你以后也不要随便要求别人按照你喜欢的去做啦！先听听别人的想法，不然也会让别人很难受的。"伊伊点点头，终于明白我想告诉她的道理了。

当孩子表现出某种激烈的情绪时，他对某方面的感受就是最深的。我们就可以借机让孩子学会用自己的感受去体会和感知别人的感受，从而学会感同身受。

（3）营造积极的家庭氛围，提升孩子的情绪安全感。

有研究发现，对孩子温和、精心呵护的父母，表达积极情绪多于消极情绪的父母，其孩子的移情和亲社会倾向更明显。因此，父母需要为孩子营造一个温馨和谐的家庭氛围，让孩子经常体验积极、支持性的情感，从而提升孩子的情绪安全感。孩子的情绪需要经常得到父母的满足，将有助于孩子克服从别人的痛苦中体验到的焦虑，使他们倾向于把自己的移情唤醒解释为同情，而不是个人的痛苦。

## 让孩子学会换位思考

换位思考是指能够想象他人的想法和感觉，并从他人的角度思考问题。罗伯特·塞尔曼在一项研究中，让学龄前到青春期的孩子对一些两难的社会问题进行回答，从而总结出换位思考的五个等级：

（1）0级（无显著特征）：3～6岁。孩子认为自己和别人有不同的想法，但两者常有混淆。

（2）1级（社会信息角度）：4～9岁。孩子认为不同观念是有可能的，因为人们接受不同的社会信息。

（3）2级（自我反省角度）：7～12岁。孩子能"踏着别人的脚印"

寻思别人的想法、感情和行为。他们也认为别人同样能这么做。

（4）3级（第三者角度）：10～15岁。孩子能站在两人之外想象，站在第三者（旁观者）的角度上考虑自己和他人的想法。

（5）4级（社会角度）：14岁到成年。认识到旁观者的看法会受社会角度、社会价值观的影响。

那么。我们如何才能让孩子学会换位思考呢？

（1）通过角色承担技能训练，提高孩子的社会观点采择能力。角色承担技能可以帮助孩子认识和理解是什么原因导致别人痛苦或不幸，从而提高他们的社会观点采择能力，即了解他人的感受、想法或目的。有很多研究均表明，与没有接受角色承担技能训练的同龄伙伴相比，接受角色承担技能训练的儿童和青少年会变得更富有宽容心，更具有合作性，也更关心别人的需要。

（2）通过责任体验，激发孩子的移情式唤醒。同情的移情式唤醒促使孩子思考他曾经学到的利他方面的知识，比如社会行为规范、社会责任规则等，还会让他想到帮助别人是被人称赞的行为，因此，他就可能承担起帮助痛苦的受难者的责任。由于年长儿童比年幼儿童理解和内化了更多的利他原则，当他们体验到移情式唤醒时，就会有更多的换位思考，并感受到帮助别人的责任。

## 让孩子学会乐于助人 [①]

孩子是否具备亲社会性的一个重要体现，就是看他是否愿意帮助别

---

① 引自付小平：《陪孩子一起幼小衔接》，电子工业出版社 2014 年版，第 137~139 页。

人。当别人遇到困难时，能够伸出援手或同舟共济；当家人生病的时候，能够主动问候或帮忙做些力所能及的家务事；当朋友遇到困难的时候，能够主动惦记或问候。而要做到这些，孩子首先需要具备善良的品质才行。

那么，我们怎么才能让孩子存善心、做善事、成善人呢？家长对孩子向善的教育，可以从以下几个方面入手：

（1）父母首先以身作则。

在一个温馨和谐的家庭长大的孩子，将拥有健全的人格和良好的品德。巴布尔博士说："孩子的品德教育必须从摇篮中就开始，因为现在社会所缺乏的不是聪明人而是高尚的人。"要想培养出善良的孩子，父母首先要注意自己的一言一行，处处为孩子树立榜样。

（2）鼓励孩子多做善事。

善良不能挂在嘴边，需要通过实际行动来体现。从小就鼓励孩子做一些力所能及的善事，比如把自己的礼物送给别的小朋友，把自己穿过的衣物捐给贫困家庭，让孩子通过一些身边的小事体会做善事的成就感。

伊伊3岁多的时候，有一次带她逛街碰到一个唱歌卖艺的老爷爷，我们给她两个硬币，然后在不远处等她。当女儿把钱给出时，这位老爷爷就用歌声表达对孩子的感激之情，女儿手舞足蹈地跑到我们身边，显然已经深深感受到善行给自己带来的喜悦。

（3）通过故事感化孩子。

在我们的传统文化中，有很多关于真善美的脍炙人口的故事流传至今，并成为一股强大的精神力量支撑着我们在向善的道路上前行。这些善行故事，也需要我们传承给下一代，深深地印在孩子的脑海，让孩子在听到"××在此时此刻是怎么做的"时，就立刻明白我们的意思，或坚持应该做的好事，或者马上消除欲做坏事的念头。

（4）教育孩子不要作恶。

在孩子成长的过程中，总会遇到一些风险，总会经历一些凶险。当孩子面临作恶的考验时，我们是教育孩子弃恶从善，还是鼓励孩子弃善从恶？很多家长可能认为需要根据具体情况处理，但我还是建议，教育孩子向善始终是家长应尽的义务。因为一旦鼓励孩子作恶，哪怕就一次，也会让孩子觉得作恶并不可耻，当然迫不得已的正当防卫除外。

## 让孩子强化利他主义

有研究表明，与那些不认为自己非常善良、富有同情心、乐于助人的人相比，把亲社会倾向看作自我概念重要组成部分的青少年和成人，确实具有更强的亲社会倾向。因此，大人鼓励孩子把自己看作利他主义者，是促进利他行为的一个重要途径，尤其是对于年龄稍大一些的孩子。

（1）经常强化孩子的自我概念。在日常生活中，如果我们经常对孩子说，"你是一个善良的小朋友"，"你很喜欢与人分享"，"你总是乐于助人"，"你很有同情心"等，就可以让他把这些特质看作自己性格中比较稳定的方面，整合进他的自我概念中去，并在别人需要的时候主动提供帮助。

（2）及时表扬孩子的利他行为。当孩子做出了一些利他行为时，我们就需要及时表扬他的这种行为，但不要泛泛而谈，而是针对具体细节。比如，当看到别的小朋友哭得很伤心，孩子如果递过去一张餐巾纸时，我们可以这样表扬他："你真是个懂事的宝贝，一张餐巾纸就让豆豆不再那么难过了。"我们还可以进一步鼓励孩子的利他行为，比如让他给豆豆一个拥抱，安抚情绪低落的豆豆。

（3）身体力行，做孩子的榜样。社会学习理论认为，鼓励利他并身体力行的成人对儿童的影响方式有两种：一是通过利他行为，成人的榜样可以引导儿童表现出相似的友好行为；二是成人不仅做出榜样行为，并且经常向儿童做有关利他的宣讲，帮助儿童内化社会责任规则等，从而促进儿童利他性的发展。

**教养贴士**

　　道德发展成熟的标志就是个体已经学会了自律，能从情感、认知和行为等方面依据已经内化的道德原则和社会规则行事，而不是根据本能和快乐原则行事。这也可以说是自我控制的最高级的表现形式。

# 14．道德发展，让孩子内化社会规则

　　道德发展已经成为一个与社会、学校、家庭密切相关的话题。什么是道德发展呢？简单来说，道德发展就是指涉及是非、对错判断标准的情感、认知和行为方面的改变。在道德发展的过程中，大部分人都会达到这样一个水平：他们希望负责任地做事，把自己看作，同时也希望被别人看作是一个有道德的人。

　　道德发展成熟的人之所以愿意遵从社会规则，并不是因为他们期望获得报酬或者害怕受到惩罚，而是因为他们最终内化了自己所学到的道德原则和社会规则，愿意遵从这些道德观念和规则。几乎当代所有的理论都认为，内化，即从外控行为向由内部标准和原则所控制的行为的转变，是通向道德成熟道路上的最重要的里程碑。

　　通俗地讲，道德发展成熟的标志就是个体已经学会了自律，能从情感、认知和行为等方面依据已经内化的道德原则和社会规则行事，而不是根据本能和快乐原则行事。这也可以说是自我控制的最高级的表现形式。

## 道德的三种成分

不同的心理学家对人类道德发展的关注重点不一样，因而也就产生了不同的道德发展理论。其实，总体来看，不同的道德发展理论只是强调了道德的不同成分而已。

精神分析理论强调情感成分，即道德情感，他们认为，儿童之所以遵照道德原则去行动，是为了体验自豪感等积极情感，避免内疚和羞愧等消极情感。

认知发展理论强调道德的认知方面，即道德推理，他们认为，儿童是非判断的变化是随着儿童的成熟而急剧变化的。

社会学习理论和社会信息加工理论有助于我们理解儿童是怎样学会抵制诱惑，抑制说谎、偷窃与欺骗这些违反道德规则的行为，而最终表现出道德行为的。

因此，我们就不难看出，道德具有以下三种成分：

（1）情感或情绪的成分，包括对正确或错误行为的感受（内疚感、对别人感受的关心等），激发道德思想和行为的情感。

（2）认知成分，其核心是我们获得是非概念及行为决策的方式。

（3）行为成分，它反映了当人们面对说谎、欺骗或违反其他道德规则的诱惑时实际采取的行为方式。

## 道德发展的阶段

关于儿童的道德发展，曾经有两位著名心理学家都进行过研究，并且提出了自己的道德发展理论。

皮亚杰认为道德发展会经历三个阶段：（1）前道德阶段，学前儿童几乎不关注规则，对规则的了解很少；（2）他律道德阶段，在5到10岁之间，儿童认为规则是由权威人物制订的，是神圣不可改变的，形成了对规则的遵从；（3）自律道德阶段，10到11岁后，儿童认识到规则是人为制订的，也是可以改变的，判断对错的依据主要是行为者的主观动机。

柯尔伯格吸取了皮亚杰道德发展理论的精髓，并把它进行扩展，提出道德发展的"三水平六阶段"理论：

（1）前习俗水平，是道德发展的最低水平。在这个水平上，个体根据外在的奖励和惩罚来确定行为的好坏；

（2）习俗水平，是道德发展的中间水平。在这个水平，个体遵循一些可靠的标准，而这些标准则是诸如父母或社会法规等他人所制订的；

（3）后习俗水平，是道德发展的最高水平，在这个水平，个体能够用普适的公正原则判断是非，这些原则可能与当前的法律或权威人物的命令相冲突，然后个体根据个人的道德标准来作出决定。

而在每一个水平，柯尔伯格又细分为两个不同的阶段。柯尔伯格认为这些水平和阶段是按照和年龄相关的一定顺序发生的。在9岁之前，大部分孩子都使用前习俗水平进行道德选择；到了青春期早期，大部分孩子运用习俗水平进行道德推理；到了成年早期，小部分个体运用后习俗水平进行道德推理。

## 道德情感，激发孩子的内疚感和同情心

情绪在道德发展中扮演了重要角色。积极的情感——比如同情、钦佩、自尊，和消极的情感——比如愤怒、羞愧、内疚，都对儿童的道德发展有很大影响。尤其是经过比较强烈的多次体验之后，这些情感就会对儿童的道德发展造成影响，从而使他们的认知和行为符合道德原则和社会规则。

而对道德发展最重要的积极情感是同情心，最重要的消极情感则是内疚感。关于同情心的培养，在其他篇目中已有探讨，本篇不再赘述。这里重点讨论如何激发孩子的内疚感。

从弗洛伊德的观点来看，内疚感和想要避免内疚感的期望是道德行为的基础。弗洛伊德提出超我是人格的道德分支，超我包括理想自我和良心。理想自我在当孩子的行为符合父母满意的理想标准时，会通过传达一种自豪和个人价值感来奖励孩子。良心在当孩子的行为不被父母认可时，会通过一种使孩子感到内疚和无价值感来惩罚孩子。在精神分析理论关于道德发展的说明中，孩子遵循社会标准是为了避免内疚感，这样，自我控制就代替了父母的控制。

内疚和羞愧都属于次级情绪中的自我评价情绪，一般需要到2岁半左右才开始出现。这不仅需要自我认识，还需要儿童对评价自己行为的规则和标准有所理解才行。有研究者对羞愧和内疚进行了明确的区分。内疚意味着一个人未能在某个方面尽到义务，感到内疚的儿童可能会关心自己的错误造成的人际后果，并尽力弥补自己的伤害行为。相反，羞愧则更多的是关注自己而不是基于对他人的关心。

父母的教养方式很大程度上影响孩子的自我评价情绪。对于明显违

反常规或道德的行为，都可能让孩子感到内疚或羞愧，或者两者都有。但是，父母如何对待孩子的这些行为，可能决定孩子感到内疚还是羞愧。如果父母仅仅采用训斥和打骂等方式制止孩子的行为，儿童更可能感到羞愧；如果父母不仅批评错误行为并指出原因和后果，并鼓励孩子尽可能弥补对别人造成的伤害，儿童则更可能感到内疚。

比如，当孩子试图去推别的小朋友时，我们可以这样对孩子说："宝贝，不许欺负别人的，这是不对的行为。你如果继续推他，他就会摔倒在地，还可能受伤去医院的。赶快去跟他说声'对不起'吧！"这样的做法不仅可以让孩子认识到自己的错误，也很容易让他产生对被欺负的小朋友的内疚感。

但如果我们换一种方式，不管三七二十一就把孩子拉过来狠狠地训一顿甚至打一顿，并简单地告诉孩子今后不能这样做，当然同样可以及时制止孩子的攻击行为，但很可能只会让孩子感到羞愧而已，仅仅认识到自己行为的错误，不能让孩子理解自己的行为可能给别人造成的伤害。

## 道德认知，实现从他律到自律的转变

道德认知就是指儿童在判断各种行为的对错时的思维。认知发展与社会经验的积累，有助于增进儿童对社会规则、法律法规和道德原则的理解，从而将这些社会规则内化为自己为人处世的行为准则。

按照皮亚杰和柯尔伯格的理论，儿童实现从他律到自律的转变需要两个条件：一是角色承担技能或者说认知的发展；二是重要的社会经验，如与同伴的平等交往。因此，为了促进孩子的道德认知发展，我们可以从以下几个方面入手：

（1）不要一味要求孩子服从大人。如果我们过分强调儿童对规则和权威的遵从，他们的道德发展就可能延缓。比如，当孩子正看电视时，父母以命令或威胁等方式强制孩子服从大人的要求，如"不准看电视，否则今天就别想出去玩"，孩子就可能从父母的言语中感受到这样的信息：规则是大人制订的，必须绝对服从，否则就会带来不好的结果。长此以往，孩子就难以学会自律，一直停留在他律的阶段。

（2）鼓励孩子与同伴讨论道德两难问题。皮亚杰和柯尔伯格都认为，同伴互动比与权威人物的单向讨论更有利于儿童的道德发展。因为同伴更有可能对孩子的观点提出质疑并进行反驳，而这些质疑和反驳对儿童道德发展具有积极的意义和重要的作用。

尤其是当孩子进入中小学阶段以后，我们就需要鼓励他们经常跟自己的同学和朋友讨论一些现实生活中的道德两难问题，比如"老人在大街上摔倒了，究竟要不要去扶"，"经常因考试成绩不好而被父母打骂的同学，到底该不该作弊"，等等。

（3）经常与孩子一起讨论道德话题。如果父母在和孩子讨论道德话题时，以积极、支持的方式表达自己的观点，提出一些温和的探究性问题，询问孩子是否理解了自己的观点，那么就非常有利于儿童的道德发展。

现在的资讯很发达，每天都会看到各种各样的违反道德和法律的事情。当这些事情涉及社会规范、道德原则、法律法规等话题时，我们就可以跟孩子一起讨论，让孩子明白其中的是非对错，同时教会孩子如何沉着面对和保护自己。比如，当我们跟孩子一起讨论某个儿童性侵害的案例时，就可以明确地告诉孩子这是一种非常可耻的行为，并且违反了社会规则和相应的法律法规，还可以跟孩子一起讨论如果自己遇到这些情况时应该如何应对。

## 道德行为，让孩子学会抵制诱惑和自我控制

道德行为主要是指人们面对诱惑时的实际行为。衡量一个人道德水平的重要指标之一，就是在没有外部监督和惩罚的情况下，个体能否抵制违反道德规则（如说谎、作弊、偷窃等）的压力。当然，在不同的情境下，个体表现出的道德行为也可能截然相反。

作为家长，我们可以从以下几个方面着手，让孩子逐渐学会抵制诱惑，最终学会自我控制。

（1）及时表扬孩子的良好行为。如果父母为孩子制订了清晰、合理的规则和要求，一旦孩子做得很好时，我们就及时表扬他们，并且说出值得肯定的具体细节，那么，孩子就更愿意遵从父母的愿望，强化自己的良好行为。

比如，当我们事先告诉过孩子不能抢别人的玩具，只能跟别人好好商量，如果孩子在接下来的时间里做得很好，那么我们就要及时表扬："宝贝今天表现得非常好，在玩阳阳的玩具之前，取得了他的同意，同时你还主动把自己的玩具给他玩了。妈妈相信你下一次一定还会这样做的，对吗？"

（2）及时制止孩子的不良行为。当孩子的行为举止违反了社会规则、道德原则时，我们就需要采取措施及时制止。当然并不意味着父母可以随便打骂和训斥孩子。我们更需要通过讲道理的方式让孩子认识到自己的错误，并唤起他们的内疚感和羞愧感。在讲道理的过程中，我们

还需要让孩子意识到自己的不良行为可能给别人带来的消极后果。

如果孩子的错误行为比较严重，比如偷窃、打人等，我们也可以辅以一定的惩罚手段，比如暂时收回对孩子的爱和关注、取消孩子的某项权利等。只有这样，我们才能培养孩子真正内化的自我控制机制，让孩子学会自发地抵制外部的诱惑。

（3）经常给孩子贴上道德标签。如果父母经常给孩子贴上"诚实的"、"善良的"、"有责任感的"、"懂得分享的"等道德标签，不仅能强化他们的道德自我概念，提高他们抵制诱惑、自我克制的可能性，而且当他们的行为与这些道德标签不符的时候，还可以激发孩子的内疚感或者后悔的心理，从而导致真正内化的自我控制能力的发展。

（4）经常让孩子树立道德榜样。有心理学研究发现，与其他同龄伙伴相比，担当其他儿童的道德自律榜样的6～8岁儿童，更可能在后来的抵制诱惑实验中遵守其他规则。通过自己给别人树立榜样的方式，很容易强化他们的道德自我概念，把自己看作一个"守规则、有道德"的人。尤其是在多子女家庭中，如果父母经常鼓励大孩子做表率，成为弟弟妹妹的道德榜样，那么，他们就能自觉遵守社会规则和道德原则。

教养贴士

虽然攻击行为是人类的一种天性，但是通过家庭环境、教养方式、学校教育的互相配合，也能控制孩子的攻击行为。能否控制自己的冲动和攻击行为，很大程度上取决于孩子是否具有自我控制的能力。

## 15. 攻击行为，父母究竟该如何控制

2014年5月，一则关于三个光背青少年殴打一名男孩的新闻受到广泛关注。拳打脚踢、拿石块砸、往头上撒尿，此类行为令人愤慨。当我们在谴责这几个未成年人的同时，更应该对这种行为进行追根溯源，让更多家长能够从中得到一些反思。

其实，青少年的暴力行为，在全世界都是一个比较普遍的社会问题。就算在令很多父母青睐的美国校园，仍然会经常听到诸如枪杀之类的校园暴力事件发生。当然，经常发生的事情，并不代表着就是比较正常、可以容忍的事情。

如果用心理学上的术语来说，这种暴力行为就是一种攻击行为或者反社会行为。人类的攻击性跟其他形式的反社会行为，都是一种普遍现象。类似于这几个未成年人的举动，在我们成人的社会里，几乎无时无

刻不在发生。

## 攻击行为的两种类型

心理学界把人类的攻击行为分为两类：敌意性攻击和工具性攻击。如果攻击者的主要目的是伤害或损害受害者，无论是身体的、心灵的伤害，还是毁坏他人的成果或财物，他们的行为就是敌意性攻击。相反，工具性攻击指的是，一方只把伤害另一方作为一种获得非攻击性结果的手段，比如在抢同伴的玩具时把他撞倒在地。

前面提到的那三个青少年的暴力行为就是典型的敌意性攻击行为。不过，有些情况下的攻击行为，并不是那么轻易就能区分为这两大类的。比如，一个小男孩先是把另外一个小男孩推倒在地，然后又抢走了他的滑板车。这样的攻击行为其实是兼具敌意性和工具性的攻击行为。

## 攻击行为的早期表现

精神分析大师弗洛伊德和著名生态学家洛伦兹都认为攻击性是人类的一种本能。弗洛伊德把它描述为死的本能，认为攻击性近似"水压"，当敌意的、攻击性的能量增长到某一关键水平后，会通过某种形式的暴力和毁坏性行为倾泻出来。而洛伦兹也把攻击性描述为一种搏斗本能，是由环境中的某些因素诱发的。

孩子的攻击行为在早期大致会经历以下几个阶段：

（1）婴儿阶段，并非攻击行为。虽然很小的婴儿也会生气，甚至还会打人、咬人、踢人、掐人，但是我们不能把这种行为当作攻击行为。皮亚杰就描述过他儿子的一件事，一次，他把手挡在7个月大的儿子劳伦特面前，不让他去碰有趣的玩具，劳伦特直接就拍打皮亚杰的手，试图把这个障碍移除。

（2）1岁开始，出现工具性攻击。心理学家凯普兰和她的同事发现，1岁的儿童在玩耍时就会因一方控制了另一方想要的玩具而变得非常强硬。一旦一个孩子占有了一个玩具，似乎这个玩具在别的孩子眼里变得更宝贵了，即使还有一模一样的玩具，12个月大的孩子也会忽视这些玩具，起身去抢其他孩子正在玩的玩具。这一发现显示，工具性攻击的种子在孩子1岁左右就已经种下了。

（3）2岁左右，开始学会协商。2岁左右的儿童比1岁儿童更可能通过协商而非互相打斗来解决争执，特别是玩具紧缺时。如果成人适当进行引导，鼓励孩子友好相处，那么这个阶段的孩子的攻击行为就会减少。

（4）对于2~5岁的孩子，心理学家经过大量研究发现以下几个特征：一般性的脾气暴躁在学前期减弱，4岁后就不再普遍；武力反抗行为的发生率在2~3岁达到高峰，学前期逐渐下降；攻击性随着年龄增长发生变化的方式至少有两种，2~3岁的孩子可能打、咬、踢对方，大一点的幼儿园及小学低年级的孩子表现出的身体攻击逐渐减少，取而代之的是嘲弄、奚落、造谣、贬低等攻击行为。

在整个儿童中期，身体攻击和其他形式的反社会行为继续减少，儿童逐渐能熟练地友好相处、友善地解决冲突。虽然工具性攻击减少了，但是敌意性攻击会随年龄增长而增加，尤其是天生好战的男孩之间。

## 如何控制孩子的攻击行为

虽然攻击行为是人类的一种天性，但是通过家庭环境、教养方式、学校教育的互相配合，也能控制孩子的攻击行为。能否控制自己的冲动和攻击行为，很大程度上取决于孩子是否具有自我控制的能力。

作为家长，我们究竟如何控制孩子的攻击行为呢？

第一，及时制止，做到"零容忍"。

很多大一点的孩子之所以容易出现攻击行为，除了天性和气质等生理因素以外，还有一个重要原因就是家长对待攻击行为的态度。如果家长从小对待孩子打人、咬人、踢人等行为总是纵容，甚至是鼓励，那么孩子就很可能会把攻击作为表达自己的情绪、获得更多的关注、争取更多的资源等方面的"常规武器"。

当孩子出现攻击行为时，无论是否伤害到别人，我们都需要及时制止孩子的这种行为，并在态度上尽量做到"零容忍"。但在不同的发展阶段，我们采取制止的方式和态度需要有所不同：

（1）1岁前，温柔地推开。当1岁以内的婴儿出现打人、抓人、咬人、踢人等情况时，我们只需要把孩子的手脚或嘴巴温柔地推开。这个阶段，禁止的语言没有任何效果，通过制止的动作才能让孩子学会自动停止或放弃。

（2）1~3岁，坚定地制止。1岁后的孩子已经可以初步听懂大人对他说的一些话，但还不能做到完全理解。这个阶段，我们需要采取语言（对孩子说"不"）和行动（适当地限制）相结合的方式，坚定地禁止孩子的攻击行为。家长在态度上越是坚决，孩子越容易住手。

（3）3岁后，耐心地引导。3岁后的孩子，身体攻击逐渐减少，语言攻击逐渐增多，同时他们的理解能力也在不断提高。这个阶段，当孩子发生攻击行为时，除了及时制止和适当惩罚，我们还需要耐心地引导孩子认识到这种行为的错误以及可能导致的后果，避免今后再出现类似举动。

当然，在3岁前，如果父母从来就没有坚定地制止过孩子的攻击行为，或者3岁后的攻击行为造成了严重的后果，那么就需要把坚决制止和耐心引导相结合，才能真正制服那些肆意妄为的"小霸王"。

第二，适当惩罚，让孩子体验后果。

如果孩子的攻击行为带来的影响或者后果比较严重，那么就需要采取适当的惩罚措施，比如当场向对方道歉、暂时剥夺某项权利等。既让孩子认识到错误，又让他体验犯错的后果。

关于如何对孩子进行智慧的惩罚，请参考"智慧的惩罚，让孩子体验犯错的后果"一篇，不再赘述。

第三，避免"家暴"，营造良好的家庭氛围。

很多发展心理学家都认为，家庭的情绪氛围能够影响孩子的适应。经常处于父母冲突中的孩子更容易出现攻击行为。越来越多的研究显示，当父母打架时，孩子往往感到极度悲伤，家庭内部持续的冲突可能使孩子与兄弟姐妹或同伴形成敌意、攻击的互动模式。那些经常目睹父母之间争斗的孩子，更有可能变成主动型攻击者；而那些自己也是家庭斗争受害者的孩子，会变得对人不信任，容易变成反应型攻击者。

因此，父母之间需要避免暴力行为，尽可能减少冲突，营造一个温馨、幸福的家庭氛围。如果大人之间已经发生了冲突甚至攻击，在冲突后不要互相回避，而是应该冷静之后互相反省和赔礼道歉。这也是一个可以让孩子体验大人如何心平气和地解决冲突的机会。

还需要注意的是，当孩子出现攻击行为时，部分家长首先想到的惩罚措施就是毒打一顿或者臭骂一通。国外很多心理学研究结果都表明，父母的暴力惩罚不仅无助于控制孩子的攻击行为，反倒可能会增加孩子的攻击行为和其他反社会行为。所以，我们尽可能不要采用以暴制暴的方式来控制孩子的攻击行为。

第四，远离暴力，营造非攻击的成长环境。

2013年的暑假，有很多媒体都在讨论现在有的动画片里面脏话连篇，还有很多打斗等暴力行为，应该停播，家长应该不让孩子看这类动画片。其中提到的动画片《熊出没》，恰好是很多小朋友的最爱。

对于孩子喜欢看动画片的问题，我认为宜疏不宜堵。对于现在的孩子来说，是很容易接触到动画片、电子游戏这些东西的。这也就意味着，即使家长采取堵的方式来处理，也将无济于事。

当然，减少儿童攻击性的另外一个有效方法，就是为孩子营造一个非攻击的成长环境，让孩子远离暴力的影视和游戏，避免孩子模仿电影、电视和游戏中的攻击行为。作为家长，面对目前那些充斥着暴力与色情等不良信息的动画片和游戏，我们可以为孩子做些什么呢？

首先，把好审核关。

如果家长觉得某些动画片或游戏不符合自己的教育理念，或者不适合孩子收看或玩耍，我们就要想办法让孩子喜欢上自己觉得更好的动画片和游戏。对于大一点的孩子，由于他们已经开始有了自己的判断和认识，我们只要平时和孩子沟通顺畅，也完全可以引导孩子学会欣赏更好的动画片和游戏。

另外，对于孩子对动画片或游戏中的一些模仿行为，如果是不好的行为，我们要及时制止和纠正。其实，对于孩子的很多不良的语言、不好的举动，家长都能通过引导，让孩子认识到电视或游戏里面的某些语言和行为不适用于现实社会，让孩子把虚拟和现实区分开来。

其次，事先定规则。

由于孩子的自控力和约束力不够，需要大人适当进行引导和管束。但我们不可能随时随地看着孩子或者跟着孩子，所以，跟孩子一起商定看动画片和玩游戏的规则就很重要。如果规则制订得很好，孩子也遵守得很好，我们就大可不必担心孩子受到不良影响。

对于孩子看动画片和玩游戏的规则，我们可以从以下几个方面约定：（1）大人对于动画片和游戏内容需要了解，如有色情、暴力的内容，绝不允许孩子接触；（2）讲好每一次观看或玩耍的时间，比如半小时到一小时，并严格遵守；（3）看动画片或玩游戏之前，必须先完成作业；（4）不让幼小的孩子单独看动画片或玩游戏，尽量在父母的视线之内。

最后，转移注意力。

更为重要的是，我们需要转移孩子的兴趣和注意力，引导孩子走出家门，寻找更多有意思的事情。如果孩子每天的闲暇时间全部被电视机或电脑占据，这个时候家长就要当心了。我们应该让孩子认识到还有很多比这些东西更有意思的事情，同时也要为孩子创造更多的机会去接触虚拟世界以外的真实世界。

孩子为什么容易沉迷于电视节目或者电子游戏呢？大多数时候都是孩子觉得无聊，觉得没有更好玩的事情，其根本原因是没有人（家长或同龄伙伴）陪伴所导致的。家长要多花心思和时间陪伴孩子，帮助孩子形成多方面的兴趣、爱好。如果等到孩子已经把看动画片或玩游戏作为唯一的爱好，问题解决起来就困难得多了。

**教养贴士**

同伴是每一个孩子成长过程中很重要的社会化代理人，同伴关系也是社会性发展的一项重要任务。朋友之间的亲密关系可以提供一种情绪上的安全感，这种心理上的情感支持也非常有利于儿童自控力的培养。

## 16. 同伴交往，为孩子提供情感支持

同伴是每一个孩子成长过程中很重要的社会化代理人。同亲子关系、同胞关系一样，同伴关系也是社会性发展的一项重要任务。发展心理学家认为，对儿童来说，存在着两个社交世界，一个是成人与儿童之间的世界，另一个是儿童同伴之间的世界，这两个社会系统以不同的方式影响儿童的发展。

虽然这是两个完全不同的社交世界，但至少有一点是基本一致的，他们都是为孩子提供情感支持的"基地"。与一个或几个朋友之间的亲密关系可以提供一种情绪上的安全感，这种安全感不仅帮助孩子有勇气和力量去面对挑战，而且使他们更容易承担其他方面的压力。而这种心理上的情感支持也非常有利于儿童自控力的培养。

因此，朋友是儿童安全感和社会支持的一个重要来源。随着年龄的

增长，朋友的这种作用就会越来越重要。

## 同伴交往的早期发展

从出生后的第一个月开始，婴儿就对其他孩子表现出兴趣，但直到6个月左右，才开始出现真正的互动，比如经常对小伙伴笑，咿咿呀呀地跟他们交流，互相做相同的手势等。

快到1岁时，婴儿会模仿同伴玩玩具的简单动作。在12到18个月之间，他们开始对彼此的行为给予更多的回应，经常进行稍微复杂一点的交流，甚至会轮流做一件事。到了18个月的时候，基本上所有的孩子都开始表现出与同龄伙伴之间协调的互动，他们彼此模仿，经常盯着同伴看，对同伴笑。20到24个月的时候，孩子之间增加了很多语言交流，比如互相描述他们正在进行的活动，给同伴分配任务或角色等。

在2到5岁期间，儿童不仅变得外向，而且会向更多的人做出社交手势。有研究表明，2到3岁的儿童比年长儿童更多地待在成人身边寻求身体接触，而4到5岁儿童的社交行为通常是向同伴而非成人发出游戏邀请来吸引注意或认同。

在一项经典的研究中，美国的心理学家帕顿观察了幼儿园里2岁半到4岁的儿童在自由游戏中的行为，考察儿童在同伴交往中的社交复杂性的发展变化。她把学前儿童的游戏分为四种，按照社交复杂性从低到高依次是：

（1）单独游戏：儿童看着别人玩，或者自己单独玩，而不管别人在做什么。

（2）平行游戏：儿童各玩各的，很少交流，也不去影响别人。

（3）联合游戏：儿童分享玩具，交换材料，但他们只关注自己的目标，不会合作实现共同目标。

（4）合作游戏：儿童从事假装游戏，担任互惠的角色，通过合作来实现共同目标。

单独游戏和平行游戏随着年龄增长而减少，联合游戏与合作游戏则越来越多。同时，儿童游戏的复杂性和儿童与同伴的社交能力之间有很明显的联系：在任何一个年龄阶段，若儿童的游戏比较复杂，那么，在接下来的时间里，他们就会比较外向，更具有亲社会倾向，较少表现出攻击性和社会退缩。因此，可以这么说，儿童游戏的复杂性是预测其同伴交往能力的一个重要指标。

## 儿童中期和青少年时期的同伴交往

小学阶段，同伴交往越来越复杂。6到10岁儿童的交往更多地发生在真正的同伴群体中，这个群体具有以下几个主要特征：（1）经常来往；（2）有归属感；（3）有他们自己的规则来指导群体成员的行为；（4）形成了多层次的组织结构，使群体成员能朝着一个共同目标努力。处于这样一个最有效的社交情境中，他们发现团队协作的价值，形成忠诚感和对共同目标的承诺。

青少年早期，他们花更多的时间与同伴在一起，特别是跟一小部分朋友形成一个小圈子。小圈子的成员往往是相同性别，具有相似的价值观和爱好。到了青少年中期，男孩小圈子和女孩小圈子之间开始有较多的交往，形成跨性别的小圈子。

同伴交往能力的发展，跟孩子的先天气质有关，有些孩子天生就比另外一些孩子更外向，更爱交往。但是，毋庸置疑的是，好的或差的同伴关系往往开始于家庭，父母可能促进也可能抑制孩子的同伴交往能力。那么，我们究竟如何培养孩子的同伴交往能力呢？

第一，帮助孩子打造"朋友圈"。

有心理学研究表明，在2到12岁之间，儿童花越来越多的时间与同伴在一起，而与成人在一起的时间越来越少。当然这必须假定一个前提，那就是家长给孩子创造了足够多的同伴交往机会，帮助孩子打造了一个他自己的"朋友圈"。

（1）选择一个配套设施完善的居住社区。如今很多大城市里的孩子之所以从小缺少玩伴，一个重要原因就是现在的邻里关系远不如以前，基本上都是老死不相往来。当作为邻居的大人之间都互不交往的时候，即使住在隔壁家的孩子也很难成为自家孩子的玩伴。

如果父母选择居住在一个有自己的公园、儿童游乐场、步行街、运动场等大型公共设施的社区，孩子就有充足的机会接触到更多的同伴。十年前，我们就开始住在上海的郊区，也是一个人口导入区，所住小区规模很大，并且年轻父母也很多，所以跟伊伊同龄的伙伴就很多，从小到大差不多结交了几十个玩伴。每天出去，总能碰上几个熟悉的伙伴，互相嬉戏打闹。

（2）选择一所寓教于乐为主的幼儿园。幼儿园是孩子迈入的第一个小"江湖"，上幼儿园的一项重要任务就是学会交往。这样的同伴交往机会主要发生在各种玩耍、游戏和活动的过程中，而非一本正经的课堂教学中。

如果父母为孩子选择的幼儿园以寓教于乐为主，重视户外活动、区角活动，并有自己的某一项或几项特色，比如运动、科技、阅读等，那么孩子之间就会有更多的合作和分享的机会，当然也可能产生更多的冲突和摩擦。而这些都是孩子学会交往必不可少的要素。幼儿园里相处得很愉快的同学也就很容易成为孩子的好朋友。

（3）经常参加各种各样的亲子活动。如今在大城市里，适合不同年龄段孩子参加的亲子活动可谓应有尽有，比如阅读、画画、陶艺、手工、合唱、跳舞、钢琴、游泳等。同时，也有名目繁多、各具特色的兴趣班。

此外，还有一些面向家长和孩子的公益讲座，当家长听讲座的时候，孩子们就可以一起玩耍。记得我在给家长的一次讲座中，正当一位妈妈向我提问说自己的孩子内向、不愿与人交往时，没想到她的孩子却已经跟一个小朋友玩得火热了。如果父母经常带孩子参加各种各样的亲子活动，他们就能接触到越来越多的小伙伴，并且在不同的活动中，同伴交往的体验也不一样。

（4）每年组织几次大型家庭聚会。亲戚和朋友不一定住得很近，一年到头见面的次数不多，但无论大人还是孩子，一旦相见就会备感亲切。只要兴趣比较相近，孩子之间很快就会成为朋友。

我们是从外地到上海定居，亲戚都不在一个城市，所以只能多带两个孩子跟我们同学或朋友家的孩子一起玩。每年，我们差不多都会组织5到10次同学或朋友之间的大型家庭聚会，主要目的也是希望孩子们能够多待在一起，稍微弥补独生子女家庭的缺憾。

第二，教给孩子基本的社交技能。

在培养孩子的社交技能时，父母就是最好的"教练员"。教导是一种认知的社会学习技术，对于提高孩子的社交技能非常有效。作为孩子的

"教练员"，父母先示范一种或多种社交技能，并详细解释为什么要使用这些技能，再让孩子反复练习，最后告诉孩子需要怎样改进他们的表现。

我们既要传授基本的社交礼仪，又要教给孩子基本的社交技巧：

（1）礼貌用语。当孩子开始社会交往时，礼貌用语就会成为一种重要的语言，这是一种能让人与人之间的交往变得顺畅的语言，也是对别人表达尊重的一种方式。比如，感谢别人要说"谢谢"；向别人道歉要说"对不起"；寻求别人帮助要说"请"；别人感谢自己要回答"不客气"，等等。而这些基本的礼貌用语使用需要从家庭开始，大人和孩子之间都要在日常生活中互相使用。

（2）尊重别人。孩子成长的过程，既是在学习如何尊重别人的过程，也是在体会自己为什么需要被尊重的过程。在成长的每一个阶段，他们对尊重的理解都不同，表达尊重的方式也不一样。无论如何，我们都要从小就让孩子养成尊重别人的良好习惯，比如，不能随便喊别人外号；保守别人的秘密；未经同意不随便拿别人东西；不能随便打人、骂人，等等。

（3）认真倾听。"倾听"是指集中精力认真地听。让孩子学会倾听，我们可以从了解倾听的礼仪和培养倾听的习惯两方面入手。比如，倾听时，眼睛要看着对方；别人说话时，不随意插嘴、打断；讨论时把话听完整后再发表意见；学会控制，让大家都有表达的机会。

（4）学会合作。为了提高孩子的合作意识与能力，我们需要经常创造合作的机会，在互动的过程中逐步培养合作意识。比如共同搭积木完成一个建筑造型，或共同画画完成一幅作品，或进行两人合作或几人一组的体育游戏等。

这样，孩子在活动过程中就不再只顾一个人玩，而需要两人或几人相互合作、共同配合来完成一项任务，这就为孩子提供了锻炼的机会。我们还可以利用日常生活中的各种机会，有意识地让孩子与同伴之间互相帮助。比如你帮我擦擦汗，我帮你提提包；你看我的书，我玩你的玩具等。

第三，教孩子学会如何解决冲突。

同伴交往中，不可避免地会发生或大或小的冲突。而学会如何解决这些冲突，也是孩子成长过程中的一门必修课。

当孩子之间发生一些不危及人身安全的争吵、抢东西、打人等小冲突时，父母首先不应该成为"裁判员"，去随时打断并立即评价孩子的行为，更不应该成为"运动员"，亲自上阵帮自己的孩子以牙还牙。我们最应该担当的一个角色还是"教练员"，即使心急如焚，也不能冲进"球场"，顶多也只是在场外进行指导。

那么，父母究竟如何在事后教孩子学会解决同伴之间的冲突呢？可以总结为以下几个步骤：

（1）还原事情真相：无论冲突发生时，父母是否在场，我们都要在事后跟孩子一起回忆事情的经过，尽可能还原事情的真相。比如，"老师告诉我，你今天又抢一个小朋友的玩具了，请告诉我到底是怎么回事呢？"

（2）明确问题所在：通过回忆事实经过，我们还可以帮助孩子认识到自己的问题和错误。比如，"没有经过别人的同意，就去抢人家的东西，这样的做法对不对呢？"

（3）理解他人感受：除了认识到自己的问题以外，我们还需要帮助孩子学会换位思考，理解他人的感受。比如，"如果你的东西被别的小朋友抢走了，你是否也会很生气呢？"

（4）思考解决办法：当孩子认识到错误，并知道了别人的感受，我们就需要引导孩子思考下一次想要别人的东西时如何处理。比如，"你能认识到自己的问题和理解别人的感受，真是非常棒的宝宝！不过，当下次想要玩别人的玩具时，你可以试着这样跟他商量：我们都是好朋友，你能把那个玩具给我玩一会儿吗？"

（5）肯定积极行动：如果孩子下一次遇到类似情况，做得非常好，我们就需要及时肯定他的积极行动。比如，"宝贝今天真棒，在玩那个姐姐的滑板车之前，先问了她可不可以给你玩，而且你还主动把自己的溜溜球给她玩。"

第四，教孩子学会如何选择玩伴①。

在孩子的成长过程中，家庭教育环境和其他外部环境对孩子的成长会起到相当重要的作用。随着孩子接触的人越来越多，难免会交上几个"损友"。即使在家接受的教育很好，一些"损友"的潜移默化，也会慢慢减弱甚至抵消家长对孩子的影响。

在婴幼儿阶段，甚至小学阶段，孩子尚不具备完全的鉴别能力，更不具备选择周遭环境的能力。因此，除了父母和家庭成员外，孩子接触什么样的人确实重要。父母需要对孩子的成长环境、孩子玩伴的品行特别留意，当然也需要引导孩子自己进行选择和判断。

伊伊有一个从满月后就开始在一起玩的发小，每天一见面就要互相拥抱，几天不见面就要日思夜想，外出旅游都会挂记对方，也会彼此带点小礼物。从成人的角度，我不止一次惊叹，这么小的孩子就有如此深

---

① 引自付小平：《把孩子温柔地推开》，机械工业出版社2013年版，第57~60页。

厚的友谊，而且是这么真、这么美。

　　但有一段时间，我们比较忧心她的另外一个朋友。这个玩伴喜欢用小恩小惠诱惑伊伊，让女儿完全按照她的指令去做一些事。同时还发现，伊伊逐渐从她的身上学到了不少我们觉得不太好的习惯。从我们的角度来看，这个玩伴应该算是个"损友"。

　　后来，我们开始限制伊伊主动去这个小朋友家里玩，但是不限制这个小朋友到我家来玩。孩子在玩耍过程中我们尽量不干涉，即使她们吵架，即使女儿被欺负。玩耍结束以后，我们会跟伊伊聊一聊，谈谈这个小朋友和其他好朋友的区别，让她自己考虑还有没有必要继续跟这个小朋友来往，或者有没有更好的方式可以跟这个小朋友相处。

　　通过一段时间的引导，伊伊已经意识到这个小朋友会习惯性地把要礼物作为条件，也意识到这个玩伴仿佛不是真正的好朋友。到后来，伊伊开始学会拒绝用送礼物的方式来换取跟她一起玩的机会。

　　值得注意的是，当孩子"交友不慎"的时候，很多家长常常会强行让孩子跟对方断绝来往，以此来换取大人的安心。如果没有任何过渡，没有耐心引导，家长强制的效果很可能会适得其反，把孩子推向我们期望的另一端。

　　父母需要做的就是帮助孩子发现人与人之间交往可能存在的风险或者问题，并引导孩子自己想办法面对和解决。因为，孩子终有一天会跟父母分离。不要等到分开的那一天，我们才发现，还没有教会孩子如何择友，如何跟人正常交往。

　　对于已经上小学的孩子，我们可以做到如下几点：（1）告诉孩子什么才是真正的朋友，带有功利目的的交往肯定不是真正的友谊；（2）让孩子知道，我们需要从朋友身上吸取正能量，但作为朋友，我们同样需要帮助他们改正身上的缺点；（3）更重要的是，让孩子具备判断是非的能力，形成自己为人处世的原则。

教养贴士

男孩之所以容易出现多动行为，一方面源于他们的自我控制能力欠缺，另一方面也受到性别差异的很大影响。如果我们对男孩的身心发展特征有更多了解，就能更加从容地面对这些挑战；如果我们根据男孩的性别差异因势利导，就能不断增强他们的自控力。

## 17. 性别差异，让男孩释放高活动力

"我家儿子刚上小学，老师经常反映他在课堂上总是坐不住，喜欢动来动去，搞得周围的同学也不能专心听课。以前上幼儿园也是这样。老师怀疑他有多动症，让我带孩子去医院做个诊断，最好通过药物治疗减轻孩子的多动行为。我很郁闷，也在犹豫要不要去医院检查。我该怎么办好呢？"

这是一位小学一年级新生家长向我咨询时提到的情况。每到开学季，我总会收到很多类似的问题，主角大都是刚从幼儿园步入小学的男生，当然也有一些刚入园或已经上幼儿园的男孩。而在数百位曾经向我咨询过类似情况的家长中，几乎很少有女孩的父母。

幼儿园阶段，由于不涉及学习上的太大压力，只要孩子的行为并不过分，大部分老师都能宽容男孩们的"坐不住"行为。一旦进入小学，

老师对课堂秩序和纪律的要求就会比较严格，为了确保课堂教学的正常开展，往往就无法容忍孩子们在课堂上的东倒西歪、左顾右盼。伊伊刚上小学的那段时间，回家经常跟我们提到的一个话题就是，老师今天又表扬了班上的所有女生，批评了大多数男生，因为他们总是不像女生那样认真听课。

男孩之所以容易出现类似的多动行为，一方面源于他们的自我控制能力欠缺，另一方面也受到性别差异的很大影响。如何应对孩子的好动，对于家有男孩的父母来说，这确实是一个很大的挑战。如果我们对男孩的身心发展特征有更多了解，就能更加从容地面对这些挑战；如果我们根据男孩的性别差异因势利导，就能不断增强他们的自控力。

## 高活动力，是"男女有别"的重要表现

男孩和女孩，除了生物遗传方面的性别差异，还有很多其他方面的差异。在我看来，男孩有别于女孩，其中最重要的一个表现就是男孩具有高活动力。

这种差异甚至在出生之前就已经出现，当胎儿还在子宫里面的时候，男孩的身体活动就比女孩多。对于既生育过男孩又生育过女孩的妈妈来说，当她们经历过两次十月怀胎的心路历程之后，应该最有体会。因此，生男孩的妈妈从怀孕阶段开始就会比女孩妈妈经受更多的"折磨"。

出生后，性别差异在婴儿期就更加明显了，并随着孩子的逐渐成长而日益明显。从统计学的角度来说，刚出生时，男孩一般都要比女孩长得更长和更重。与女孩相比，男孩的脂肪少一些，肌肉多一些，心脏和

肺也更大，这种差异会持续一生。因此，还在趴着的阶段，男孩抬头时就比女孩显得更有力气；当他们掌握抓握、踢腿等运动技能时，男孩的力气就比女孩显得更大。

在整个儿童期，大部分男孩都比女孩好动，保持更高频率的活动，特别是在同伴交往的过程中。这也是男孩比女孩更具有攻击性、更喜欢玩暴力游戏的重要原因。跟女孩相比，一群男孩在一起的时候会有更多的争吵和打斗。当男孩生气的时候，他们就会大发雷霆，甚至大打出手。他们这样做只是因为他们无法控制自己的冲动，大多数时候都是为了释放自己的高活动力。其实，很多情况下大人眼中的攻击行为就是一个男孩正常的、活跃的、展示力量的、冲动的、独立自主的游戏或活动。

## 鼓励户外活动，释放孩子的"野性"

作为高等动物的人类，虽然是被数千年来积累的社会文明所驯化的社会人，但同时仍然保留了部分动物的"野性"。对于幼儿阶段的男孩来说，这种野性尤为明显。男孩天生就是一个行动派，从小就喜欢用身体"思考"，如果到了一个开放的空间，他就喜欢奔跑、攀爬，以此来体验自己的力量和"野性"，同时锻炼自己的平衡性。

不过，大部分学龄前的孩子都还没有达到可以参加有组织的运动项目的阶段，跟小伙伴们一起在户外活动、疯跑和游戏，对他们来说就已经足够了。因为这个阶段的孩子大都还无法专注地进行运动训练，也不能很好地接受挫折和失败，这些恰恰是正规运动训练的重要前提。

这个阶段，经常带孩子到户外活动，鼓励孩子与同龄小伙伴一起"疯玩"，同样可以让孩子回归"野性"、展示力量、释放活力。这一点对于男孩的成长来说，更为重要。

在很多同龄孩子的家长眼中，我家大宝伊伊从小就是一直在外"野"大的。因此，她和其他孩子相比，抵抗力更强，耐力更久，对于各种活动能较快掌握。幼儿园老师对她的评价也是动手能力强、体育活动能力强、自理能力强、不娇气。我觉得，很大程度上跟我们对她的"散养"有关。

上幼儿园之前，她每天基本上会有6个小时以上是在户外度过的，入园以后也几乎保持在每天2小时到3小时以上，上小学以后差不多每天也能保持在半小时到1小时左右，当然极端天气情况除外。

## 鼓励探索行为，满足孩子的好奇

很多男孩父母可能都经历过这些"惨不忍睹"的场景：刚换的漂亮灯具，被孩子的皮球砸坏；刚买的骨瓷餐具，被孩子不小心摔碎；刚装修的墙壁，被孩子当作白板进行涂鸦；卷筒纸一溜烟成了孩子身上的"飘带"，飘得满地都是；茶几上摆的东西，被孩子当成玩具进行糟蹋，比如烟灰缸、报纸、剪刀、水杯……

其实，好动和好奇是每一个孩子的天性，尤其是男孩，幼儿阶段更是如此。因为好奇，孩子就喜欢尝试、喜欢探索，甚至是喜欢搞破坏。大人认为不能碰的东西，孩子偏偏要去摸；大人认为不能干的事情，孩子偏偏要去做；大人认为很无聊的东西，孩子偏偏觉得很有趣。

而每一次尝试，可能就是一次探索；每一次探索，也可能就是一次成长。因此，我们要尽可能多地为男孩创造探索世界的机会，满足他们的好奇心和探究欲，让他们在一次又一次的探索中逐渐成长。那么，我们如何为幼儿阶段的孩子创设更好的探索环境、创造更多的探索机会呢？

（1）为孩子创设一个独立的探索空间，比如专门的儿童房、客厅或卧室的一个角落等；

（2）购买一定数量的、适合不同阶段和性别孩子的玩具，尤其是那些可以组装或拆卸的玩具，比如乐高积木、玩具枪等；

（3）多准备一些可供孩子做手工的材料，比如塑料剪刀、贴纸、儿童折纸、废旧物品等；

（4）鼓励孩子多尝试没有做过的事情，多接触新鲜的事物，激发孩子多方面的兴趣；

（5）允许孩子犯错误或搞破坏，尽可能满足孩子的好奇心和探索欲；

（6）经常陪孩子一起玩耍和游戏，引导孩子自主进行探索和成长。

## 鼓励体育运动，释放孩子的活力

对于学龄期的男孩来说，经常参加体育运动还有一个更重要的目的，那就是通过高强度的运动来充分释放自身的高活动力。如果男孩的精力和活力没有通过其他途径得到消耗，那么他就很有可能在正式的课堂上通过故意调皮捣蛋或者其他方式来释放。因此，我们也就不难理解为什么很多男孩上课时总是坐不住，跟同伴玩耍时老是动手动脚。

然而，在现实生活中，我们却经常看到这样的新闻报道，很多学校害怕学生在学校出事，体育课纷纷取消长跑项目或者危险项目，更有甚者，还不允许中小学生课间休息时到外面嬉笑打闹，只能上完厕所就直接回教室。当然，除了学校因担心安全问题纷纷取消部分体育项目之外，还有一个重要原因：体育课不是最主要的应试科目，能少上则少上，以免占用孩子过多课余时间。

我一个朋友的孩子，在上海一所重点小学上学。曾经有一次我跟她聊天得知，如今的学校，体育课随时都有可能被有利于应试的主科所挤占。听孩子和家长的描述，学校的体育课基本上就是摆设，也是老师口中常说的副课，被主课挤占当然就成为家常便饭。虽然伊伊所就读的小学是一所以乒乓球为特色、鼓励孩子运动的学校，但我还是偶尔会从她的口中得知某一天的体育课被其他科目或活动挤占。

除了学校以外，部分家长对体育课的认识误区、对体育运动的极不重视，也在一定程度上阻碍了孩子身体素质的提升，更阻碍了男孩高活动力的释放。

作为家长，虽然无力改变学校这种过度保护孩子的做法，但是我们却可以改变自己的观念，多鼓励自己家的孩子，尤其是男孩，经常参加一些强度比较高、活动量比较大的体育运动，比如各种球类运动、游泳、跑步、跳高、跳远等。

当然，鼓励孩子参加体育运动和锻炼，并不一定非得到正规的运动场馆才能进行，更多的运动其实完全可以融入日常生活之中，比如滑滑梯、轮滑、跳绳、跑步、骑自行车、爬山等。

我观察所居住的小区后发现，经常在小区里面运动的多是学龄前儿童，我很少看到小学阶段的孩子每天在外面运动的身影。伊伊在小区算是比较活跃的，轮滑、滑板车、扭扭车、自行车、跑步等都是她的最爱，即使是上了小学以后，只要每天完成作业还有空余时间，她都会带上一件"运动器械"到小区里面活动筋骨。

在很小的时候，跟她一起玩的小朋友很多，有时候队伍还很庞大。

但上小学后，原来一起玩的小朋友很多都不出来了，也几乎看不到同龄男孩的身影。而我听到家长们最多的说法是，孩子应该把主要精力放在学习上。因此，孩子每天的学习任务也非常繁重，家长布置的作业也不少。大多数家长都不愿放孩子出来随心所欲地"疯玩"了。

## 陪孩子玩刺激性游戏，培养孩子的冒险精神

德国著名教育家福禄贝尔认为："游戏就是儿童成长的全过程。"幼儿阶段的孩子，主要任务就是玩耍和游戏。除了鼓励孩子跟同伴玩耍和游戏以外，父母同样需要成为孩子的玩伴。经常陪男孩玩一些刺激性的游戏，既可以培养他们的冒险精神，也可以释放他们的高活动力。

跟妈妈相比，陪孩子一起玩刺激性游戏是爸爸的天然优势。喜欢冒险和刺激是男人的天性，而要培养男孩的冒险精神，爸爸则是他们的最佳玩伴。

很多时候，爸爸之所以不愿意陪孩子玩这些游戏，并不是不愿对孩子用心，其实是因为他们根本就不知道如何陪孩子玩。当爸爸被孩子逼得黔驴技穷时，在他们眼里，孩子就会在转瞬之间从人见人爱的"天使"变成调皮捣蛋的"魔鬼"。那么，爸爸可以陪孩子玩哪些刺激性游戏呢？

（1）对于3岁以内的孩子：可以经常跟孩子玩"举高高"（把孩子举过头顶）、"坐飞机"（双手抱着孩子转圈）、"扔床上"（把孩子从床尾扔到床头）等游戏，可以让孩子体验到一定的恐惧和害怕，但又在可以接受的心理限度内。

（2）对于3~6岁的孩子：可以经常陪孩子到公园或游乐场去体验能承受的刺激项目，比如海盗船、碰碰车、高空缆车、荡秋千等。

（3）对于6岁以上的孩子：可以根据孩子的不同年龄阶段选择不同的刺激性游乐项目，比如陪孩子坐过山车、跟孩子一起摔跤、同孩子一道去滑雪等。

除了以上列举的这些刺激性游戏，我们还可以结合孩子的兴趣和特点，选择适合自己孩子的更多刺激性游戏或活动，甚至完全可以自行设计类似的刺激性游戏和玩具。

# 第四篇

# 管好自己这八件事，孩子才能更好地自我管理

当孩子的行为和情绪从以外部控制为主转变为以内部控制为主时，就标志着他的自我控制能力已经具备。一个自控力发展比较好的孩子，才能更好地对自己的情绪和行为、生活和学习进行自我管理。

2 岁左右的孩子开始表现出初步的自我管理，能控制自己的行为以符合大人的要求或期望。对于大多数孩子而言，自我管理的全面发展至少要到 3 岁时才开始。

教养贴士

　　一个自主性比较强的孩子，才能逐渐学会自我约束、敢于表达自我意志，最终学会自我管理。当孩子的行为和情绪从以外部控制为主转变为以内部控制为主时，就标志着他的自我控制能力已经具备。

# 18. 发展自主性，才会掌控自我

　　心理学家埃里克森将18个月到3岁这个阶段确定为一个人毕生发展的第二阶段，即自主性对羞愧和怀疑，以从外部控制到内部控制的转变为标志。如果在婴儿期形成了对世界的基本信任和微弱的自我意识，1岁半左右的孩子就开始用自己的判断取代大人的判断。

　　一个自主性比较强的孩子，才能逐渐学会自我约束、敢于表达自我意志，最终学会自我管理。当孩子的行为和情绪从以外部控制为主转变为以内部控制为主时，就标志着他的自我控制能力已经具备。

## 给孩子适度的限制，让孩子学会自我约束

　　埃里克森指出，因为无限制的自由既不安全也不健康，所以羞愧和怀疑的存在是必要的。对于1岁半左右的孩子，就需要大人设置适度的限

制，羞愧和怀疑帮助他们认识到对这些限制的需要。

换句话说，就是要给孩子建立适当的规则。对孩子适当且合理的限制和约束，并非剥夺孩子的自由，而是在一定程度上给孩子划清界限，真正保证孩子的自由。心理学上也有研究表明，对孩子适当的限制，能提高孩子的安全感。

美国心理学家格林斯凯把养育过程分为六个阶段，其中，从孩子2岁到4岁或5岁处于第三个阶段——权威阶段：父母开始制订规则并执行，对孩子的爱是手把手教给他们规则和要求。但父母建立的规则要适应孩子逐渐提高的能力，尤其要跟孩子的理解能力和行为能力相匹配。

在进入小学之前的幼儿阶段，我们主要从生活习惯、安全防护、礼貌礼仪等方面给孩子制订规则和要求，并需要循序渐进，分阶段、分步骤实施：

（1）1岁半到2岁左右：规则主要集中在孩子安全、他人安全和财产安全方面，比如不碰危险的东西，不打人、踢人、咬人等。

（2）2岁半左右：规则就需要逐渐扩展到包括吃饭过程中的行为，包括禁止行为和拖延活动的要求，以及早期的自我照顾。比如自己吃饭，不能在吃饭过程中离开座位，吃饭时不能玩食物和玩具等。

（3）3岁左右：更多的要求是关于礼貌行为和适当的自我照顾。比如学会说"谢谢"，做错事情需要说"对不起"，自己整理玩具等。

（4）3岁以后：要求孩子进行更多的自我照顾。比如自己穿脱简单的衣服，自己洗脸刷牙，自己洗澡，自己背书包，能按要求上床睡觉等。

进入小学后，我们对孩子的规则和要求需要逐渐转向学习习惯、个人品格、集体生活等方面：

（1）学习习惯：回家后先做作业，做完作业自己检查，按时完成作业，写完作业后自己整理好书包等。

（2）个人品格：别人的东西不能乱拿，不随便说谎，不说脏话，尊老爱幼，尊重别人等。

（3）集体生活：公共场合不大声喧哗，课堂发言要举手，不随便打扰别人，人多的地方要排队等。

## 给孩子说"不"的机会，让孩子表达自我意志 [①]

在美国，"可怕的2岁"就是对自主性的标准写照。学步期儿童不得不验证某些概念，如他们是个体；他们对世界有一定的控制；他们有新的、令人兴奋的力量。他们有动力去尝试自己的观点，实践自己的选择并自己作决定。

这种自主性典型地以叛逆的形式表现出来，大声喊"不"仅仅是为了坚持自己的权威。这一点经常在2岁前就开始了，3岁半到4岁的时候达到顶峰。如果大人将儿童自我意志的表达看作正常、健康地寻求独立的努力，而不是看作倔强，这能帮助儿童学会自我控制，增强其胜任感，避免过多的冲突。

如何帮助父母应对孩子的叛逆，鼓励发展社会可以接受的行为，从容度过"可怕的2岁"呢？下面的一项研究或许可以提供一些指导：

（1）灵活。了解儿童的自然规律和特殊的喜好。

（2）将自己看作一个安全的港湾，设定安全的边界。儿童可以以此

---

① ［美］戴安娜·帕帕拉等：《孩子的世界》（第11版），人民邮电出版社2013年版，第280~281页。

为基地向外探索世界，也能够返回基地寻求帮助。

（3）为儿童创造安全的家。使用便于安全探索的不易破坏的物品。

（4）避免身体惩罚。因为身体惩罚常常无效，甚至会导致孩子做更多的破坏。

（5）提供选择，即使是很小的选择，这能给儿童提供一些控制感。比如，"你愿意现在洗澡还是等我们读完书之后再洗?"

（6）在实施一些必须做到的要求时保持一致性。

（7）除非活动是完全不必要的，否则不要打断他。尽量等孩子自己转移注意力。

（8）如果你必须打断孩子，那么要事先给出警告。比如，"我们一会儿必须离开操场。"

（9）当行为变得令人讨厌时，建议孩子改做一些其他的活动。比如，当艾希利正要向凯科的脸上扔沙子时，说："哦，看! 现在秋千上没人了，让我们去那儿玩，我会好好推你们!"

（10）提供建议，而不是要求。提建议时要微笑或者给出拥抱，不要批判、威胁或约束他们。

（11）将要求与愉悦的活动相连。比如，"是时间停止玩耍了，你可以陪我一起去商店"。

（12）提醒儿童你所期望的。比如，"当去操场时，我们不要走出操场大门"。

（13）当儿童没有立刻遵从时，等几分钟再重复自己的要求。

（14）通过暂停来终止争端。以一种非惩罚的方式，让自己和孩子都摆脱这种情境。

（15）在压力时期（生病、父母离婚、弟弟妹妹的出生或者搬家）期望较少的自我控制。

（16）学步期儿童遵循"做"比"不做"要更困难。"整理好你的房间"比"别在家具上写字"要付出更多的努力。

（17）尽量保持积极的氛围，使你的孩子想要合作。

## 给孩子自主的机会，让孩子学会自我管理

埃里克森认为，在信任他们的照顾者之后，婴儿开始具有自主性和独立性，他们开始意识到自己的能力。儿童必须学会自主——自己吃饭、穿衣、保持清洁等，不能形成这种独立性将使儿童怀疑自己的能力，觉得羞愧。当父母允许他们做出合理的自主选择而不过于限制、嘲笑时，自主性便形成了。

让孩子成为独立的人，是每一位家长的必修课。培养孩子的独立性，开始得越早越好，需要从幼儿阶段延续到小学阶段，甚至是中学阶段，但学龄前和小学阶段始终是最为关键的时期。

生活能自理，是孩子走向独立的起点。其实，在孩子成长的每一个阶段，他们都需要学会自己解决可以自理的事情。如果在本该自理的各个阶段，却没有掌握这个阶段的基本技能，或者在思想上总是依赖大人，那么，他们就不可能真正走向独立。

在每一个关键阶段，孩子的独立性发展任务和需要具备的自理能力都不一样，所以父母的关注点也会不同。但无论如何，我们都不能错过培养孩子独立性的关键期。否则，我们的孩子就将永远无法长大成人，即使生理上长大，心理上仍然无法"断奶"。

（1）2~6岁：重点关注生活自理能力的培养。

孩子如果没有在幼儿阶段养成生活自理的习惯，越到后面就越难自立。一旦父母成为孩子的靠山，孩子自然不愿意主动承担自己的责任，导致他们心理上无法"断奶"、精神上不能独立，甚至缺失基本的生存能力。

从2岁以后，在每一个成长阶段，孩子都有自己的成长任务，在日常生活中都有自己能够独立完成的一些事情。比如，一个2岁半左右的孩子，可以自己吃饭、自己背书包、自己整理玩具等；4岁左右的孩子，可以自己洗脸刷牙、自己洗澡、自己上厕所、自己整理衣服和床、自己清洗盘子等；6岁左右即将进入小学的孩子，可以自己整理书包、自己做一些简单的食物、自己叠被子和衣服等。

（2）6~9岁：重点关注自主学习能力的培养。

6岁以后，孩子将告别没有太多压力的幼儿阶段，进入小学，迎来人生第一个真正意义上的学习阶段。而学习这件事，要靠孩子自己来，父母不能成为主角。因而，在小学低年级，父母需要培养孩子的自主学习能力和习惯。

家长可以让孩子从以下几个方面入手：①回家后主动做作业；②作业之前先复习，做好作业后要预习；③做完作业自己检查一遍；④不会的题目自己先想办法解；⑤每天按时完成作业，不磨蹭；⑥自己整理书包；⑦留心观察生活；⑧喜欢独立思考等。

（3）9岁到青春期前：重点关注独立思考能力的培养。

9岁左右，孩子的自我意识不断增强，同时也在学校学到一些基础知识，因而爱思考就成为这个阶段的主要特征。其实，独立的一个重要方面就是学会独立思考。一个从小喜欢独立思考的人，长大以后就比较有主见，不容易随波逐流，更不会盲目跟风。

培养孩子的独立思考能力，首先需要让孩子意识到自己的想法是有价值的。而好奇心和观察力是孩子独立思考的开始，如果孩子喜欢探究身边的所见所闻，无论多么微小的事情，父母都需要多鼓励，让孩子觉得他的想法很重要。

当孩子稍微大一点，父母就要鼓励孩子学会质疑和多问为什么，即使在成人看来很"无厘头"的想法，我们也要尊重孩子。孩子自发产生的质疑，就很容易引发他独立解决问题的意愿和能力。对于年龄较大的孩子，父母需要跟孩子讨论更多话题，在互相探讨的过程中引发孩子的独立思考，还可以利用一些话题来拓展孩子的思维。

（4）青春期：重点关注独立价值观的培养。

整个青春期间，孩子都处在自我定位的阶段。很多时候，他们就会以反叛的方式来向世界宣告自己已经成为一个独立的人。对很多事情，一旦形成自己的想法，他们就会坚持自己的见解和立场，不会轻易受到别人的影响和干预。因此，父母需要学会引导孩子形成独立的价值观。

曾在微博上看到一位爸爸，每天晚上睡觉前，喜欢这样问儿子三个问题：第一是今天在学校有什么要跟我分享的；第二是今天你觉得最好玩的事情是什么；第三是每天会选一个新闻事件或者话题，然后问你怎么看。

这位爸爸每天问三个问题，既是一次很好的亲子沟通，更是在潜移默化中塑造孩子的价值观，让孩子在潜移默化中形成对很多事情的看法，久而久之，就内化成自己的价值观。

**教养贴士**

心理学的研究表明，在婴幼儿时期，自控力最初是以顺从的形式出现的。只有让孩子学会主动顺从，他们在进行自我控制时才能做到自动响应。

## 19. 能主动顺从，才会自动响应

在一个人的发展历程中，天性（或遗传）和教养（或环境）哪个更重要呢？著名心理学家尤里·布朗芬布伦纳的生态系统理论认为，一个人先天的生物特征和外界环境共同影响人的发展。

虽然自控力的发展可能会受到天性（或遗传）的影响，但它绝不是与生俱来的，教养（或环境）的作用更为关键，甚至可以说主要还是靠后天的培养。

对于刚出生的婴儿来说，既没有自我控制的意愿，更没有自我控制的能力，即时满足才是他们的本能。然而，这并不意味着就不需要关注婴幼儿的自控力发展。正如本书前面的篇章所述，在1岁以内，我们需要让孩子逐渐学会放弃，为自控力播下种子；1岁以后，我们需要让孩子逐渐学会等待和忍耐，让自控力生根发芽。

心理学的研究表明，在婴幼儿时期，自控力最初是以顺从的形式出现的。在12到18个月之间，孩子开始明确意识到大人的希望和要求，并能自愿遵守简单的要求和命令。因此，只有让孩子学会主动顺从，他们在进行自我控制时才能做到自动响应。

## 约束性顺从，才是主动顺从 ①

为了研究孩子的顺从行为，考克斯卡及同事以103名26到41个月大的儿童和他们的母亲为测试对象，对其在家或者是在和家相像的实验室环境中一起玩玩具的情境进行录像，时间为2到3个小时。

继自由玩耍之后，母亲给孩子15分钟将玩具收好。在实验室中有一个放着其他玩具的架子，上面有不同寻常的吸引人的玩具，如泡泡糖机、无线电话机和一个音乐盒。母亲告诉孩子不要碰架子上的任何玩具。1小时后，实验者请母亲去相邻的房间，剩下孩子一个人和那些玩具。几分钟之后，一个陌生人进来，开始玩那些禁止玩的玩具，然后离开，让孩子单独待8分钟。

如果孩子不需要提醒，就自愿地听从指令不碰那些特殊的玩具且保持整齐，那么就认为这些孩子表现出约束性顺从。如果孩子需要奖励才能听从，那么就认为这些孩子表现出了情境性顺从，即他们的顺从依赖于不间断的父母监控。

约束性顺从与内化父母的价值观、准则和要求有关，这类孩子克制自己不碰被禁止的玩具，独自一人时也是如此。相反，表现出情境性顺

---

① ［美］戴安娜·帕帕拉等：《孩子的世界》（第11版），人民邮电出版社2013年版，第283~284页。

从的孩子，当母亲不在视线之内时，便会禁不住诱惑。

约束性顺从和情境性顺从在孩子13个月大的时候就能够得以区分，但是源头要追溯到更早的婴儿期。和男孩相比，女孩更容易做到约束性顺从。随着年龄的增长，约束性顺从增加，情境性顺从减少。

这两种顺从的主要差别就在动机上。约束性顺从是内部动机驱使的，具有自我控制的能力；情境性顺从是迫于外界的压力，是一种由外部动机诱发的外控行为。因而，约束性顺从才是一种主动的顺从行为，最终才能发展为良好的自控力。

## 自我调节发展，是主动顺从的前提 ①

克莱尔·考普认为，在对自己的行为进行自我控制之前，孩子必须具有把自己看作能引导自己行为的、独立的、自动化的个体的能力，他们必须要有记起照料者的指导，并把它应用到自己的行为中的表象和记忆技巧。克莱尔·考普描述了生命早期自我调节发展的顺序。

（1）最初，从大约12~18个月时开始，孩子完全依靠大人，把他们当作可接受行为的提示信号。在这个阶段，孩子开始表现出对大人要求的顺从，比如，当孩子想要去碰电源插座时，我们对他说："宝贝，别碰！"只要经常对孩子进行类似这样的提醒，孩子就会逐渐听从大人的要求，不再去碰那些危险的东西。

（2）自我调节发展的下一个阶段发生在大约2~3岁。这个阶段，孩子开始在没有大人在场的情况下遵从大人的期望和要求。大部分2~3岁

---

① ［美］约翰·W·桑特洛克：《毕生发展》（第3版），上海人民出版社2009年版，第369~370页。

的孩子都能意识到，当他们在家里或外面玩耍时，可以在哪里玩、不能在哪里玩，可以碰什么东西、不可以碰哪些东西。当然前提是大人从1岁左右就开始对孩子有所要求和期望。

（3）学前阶段的孩子变得更加擅长自我控制。他们逐渐学会如何抵制诱惑以及给自己指令来保持注意力的集中。在小学阶段，儿童调节自己行为的能力大大增强，除了主动顺从以外，还有可能是老师努力帮助孩子控制自己行为的结果。

## 父母这样做，孩子就顺从

一个人成功社会化的要素包括依恋的质量、对父母行为的观察学习以及父母和孩子的相互回应等方面。所有这些方面都会影响孩子的顺从行为，安全型依恋关系、相互回应的亲子关系，都能促进约束性顺从的发展。

作为父母，我们究竟怎么做才能促进孩子的主动顺从行为呢？

第一，树立权威，维护父母的威信。

虽然主动顺从是一种自发的行为，但是父母的要求和希望能否得到孩子的自愿遵守，还取决于父母在孩子心目中的地位和权威。尤其是当我们跟孩子提要求、定规则的时候，父母的威信在很大程度上决定了这些要求和规则的执行力度。

当然，在孩子面前树立父母的权威，并不意味着简单地采用粗暴的打骂方式就可以实现的。而是首先需要把孩子当作朋友，在尊重和平等对待孩子、充分信任孩子的基础上，通过如下一些方式逐渐树立和维护自己在孩子心目中的威信：

（1）对孩子有合理、适当的要求和约束，不能让孩子为所欲为；

（2）给孩子制订适度的、与孩子年龄相应的规则，并坚持严格执行；

（3）建立一个合适的控制与自主的平衡，给孩子自主的机会，又提供他们所需要的标准、限制和指导；

（4）要求孩子做到的自己首先做到，通过以身作则，既让孩子观察学习父母的行为，又给孩子树立榜样，提升自己对孩子的影响力。

第二，积极回应，建立良好的亲子关系。

心理学上的很多研究都注意到了父母的态度、情绪情感在顺从情境中的作用。利顿1980年的研究发现，伴有积极行为，如微笑和表扬的命令将会增强其引发顺从的效果。科汉斯卡1995年在对孩子自愿顺从的研究中得出结论：内化出自自愿顺从，而自愿顺从源于母亲和儿童相互间共享的积极情感，既包括情境性的，又包括跨时间性的。他们认为，学前儿童的自愿顺从根源于父母和孩子之间关系的长期质量。温暖性的关系造就儿童乐于接受成人的社会化要求。

与此类似，斯泰顿、霍根、安斯沃思1971年发现，不是命令的频率和强度，而是母亲敏感性的质量预测婴儿的顺从。一个敏感的母亲对婴儿的信号掌握很好，能够从孩子的角度看问题，说话温和，充满温暖和关怀。

父母需要注意以下这几个方面：

（1）敏感性：父母能准确察觉婴儿的信号，恰当而且及时地对婴儿的需要做出反应。

（2）相互性：父母和孩子相互之间形成积极和谐的关系。

（3）积极的态度：父母对孩子表达积极的情感，接纳、喜爱孩子。

第三，提供建议，增强孩子的控制感。

当我们希望孩子按照大人的要求和希望去做时，并非一定要采取强制性的命令。相反，如果我们本着给孩子提供指导、出谋划策的心态，经常为孩子提供一些建议，孩子就可能不会出现抵触心理或者反抗情绪，也就更容易自愿遵守大人的要求和希望。

我们可以采用以下几种方式给孩子提供建议：

（1）当孩子的行为变得令人讨厌时，可以建议他去做一些其他活动。比如当孩子要去跟别人抢秋千时，可以告诉他："现在滑滑梯那里没人，我们先去那边玩。等秋千没人玩了再过来，好不好？"

（2）提供建议时尽可能运用肢体语言。比如，辅以微笑或者给孩子一个拥抱，不要采用命令或威胁的语气和肢体语言。

（3）给孩子提供选择的机会，即使是很小的选择，也能让孩子拥有自主性和控制感。比如，"你是先洗澡还是先听故事呢"，"今天中午你想吃面条还是米饭"，"我们先去逛超市还是先去逛公园"，等等。

第四，重复要求，引发孩子的顺从行为。

对于婴幼儿来说，很多时候的不顺从行为，可能并不是他们不愿遵守大人的要求和指令，而是他们压根就没有明白大人的意思或者没有心思听大人的话。遇到这种情况，我们就需要有更多的耐心，多重复几次自己的要求。

（1）当孩子没有听明白我们的要求时，就需要采用孩子能听懂的语言，并借助身体语言，多次重复自己的要求和指令。

（2）当孩子没有立刻遵从我们的要求和指令时，过几分钟以后再重复自己的要求，并得到孩子的确认。

（3）当孩子正专心致志地做一件事、没有心思听我们所说的话时，可以等到孩子做完时再重复自己的要求。

（4）当我们希望孩子去做一件事，但他迟迟没有行动时，可以给孩子设定一个时间范围，到点再提醒孩子。

教养贴士

一份承诺就是一份责任，履行承诺是具有责任心的一个重要体现。引导孩子去主动兑现自己的承诺，确保孩子经常做到言行一致，这本身就应该是为人父母的一份责任。

## 20. 能遵守承诺，才会言行一致

心理学家早就认识到承诺和一致原理对人的行为有着强大的指引力量。如利昂·费斯廷格、弗里茨·海德和西奥多·纽科姆，就都把言行一致的欲望看成是行为的一种重要驱动力。由于言行一致在大多数情况下都是很有价值的，我们很容易养成自动保持一致的习惯。正如蒙田所说，"言行一致无疑是一种令人兴奋的和谐"。

究竟是什么力量能够确保人类保持言行一致呢？社会心理学家已经为我们找到了答案，那就是承诺。一旦主动做出了承诺，那么，自我形象就要承受来自内外两方面的一致性压力。一方面，是人们内心有压力要把自我形象调整得与行为一致；另一方面，外部还存在一种压力，人们会按照他人对自己的感知来调整形象。

一份承诺就是一份责任，履行承诺是具有责任心的一个重要体现。

拥有责任心的人，往往都是最值得信任的人。引导孩子去主动兑现自己的承诺，有时候还需要协助他完成，确保孩子经常做到言行一致，这本身就应该是为人父母的一份责任。

能自觉遵守承诺、做到言行一致的孩子，他对自身行为的控制能力也会发展得很好，自我管理方面的表现也会更佳。当然，在孩子成长过程中，也会遇到孩子经常变卦的行为，这就需要父母的坚持和引导。

## 先提小要求，再提大要求

心理学上有一个通过实验证明的"登门槛"现象：如果想要别人帮你一个大忙，一个有效的策略就是先请他帮一个小忙。这在诱导人们自觉表现出顺从行为方面非常管用，同样也可以借用到对孩子的教育这件事情上来，尤其是希望孩子服从大人的合理要求。

让孩子履行承诺的前提是，他内心已经对别人的要求、社会的规则充分认可。如果父母能把这个"登门槛"的原理融会贯通，灵活运用到日常生活中，那么，即使以前在我们眼中"不听话"的孩子，也有可能逐渐变得听话。

在孩子成长的每一个阶段，父母好比是他们的指南针，指引着他们的人生航向，其中一定少不了父母对他们的要求、限制和约束等。当我们需要规范孩子的行为习惯时，如果我们对孩子先提小要求，再提大要求，那么对于大人提出的一些要求和指令，他们就可能爽快答应，并付诸行动。

比如，对于一个吃饭习惯不好、需要大人追着喂饭的5岁孩子，如果我们希望逐渐培养孩子自己吃饭的良好习惯，那么就可以循序渐进地去要求孩子。

首先，我们就可以从某一天开始，告诉孩子今后吃饭必须坐在餐桌前，否则就没有饭可吃，并让孩子口头上进行承诺。一旦孩子答应做到，我们就一定要坚定地照此执行。

其次，过一段时间后，我们先表扬孩子能够说到做到，表现得很好。然后，再给孩子提出另外的要求，从今以后大人不再喂饭了，要慢慢学会自己用勺子或筷子吃饭，菜可以由大人帮忙夹到碗里。如果孩子同意这个要求，同样要督促孩子坚持这样做。

最后，等到孩子已经逐渐养成自己吃饭的习惯后，我们还可以鼓励孩子自己夹菜，需要帮忙再告诉大人。

## 举行仪式，让孩子践行承诺 [1]

当孩子做出承诺的时候，我们可以先跟孩子一起举行一个小小的承诺仪式，比如，跟大人拉钩并录像，签一份书面承诺书等。当孩子想要"毁约"的时候，这样的承诺仪式往往就能发挥作用，让孩子自动践行自己的承诺，真正做到言行一致。

伊伊大班第一学期结束的时候，突然对上了两年多的舞蹈班不感兴趣了，告诉我们她要学钢琴。其实从她5岁左右我们就开始引导她去学钢琴，多次努力都没有取得成功。因为她经常听别的小朋友说学钢琴很辛苦，所以要说服她并非轻而易举的事情。没想到，她这次却主动提出来要去学。这倒让我们有些犹豫了，很担心她是否能够坚持学下去。刚开

---

① 付小平：《陪孩子一起幼小衔接》，电子工业出版社 2014 年版，第 158~160 页。

始的时候，我们也没有当回事，顺便应付她说过了春节就报名。

春节还没有过完，伊伊就主动催促我们赶紧去给她报名。这才让我们意识到她提出的要求是很认真的，伊伊妈妈于是就认真地跟她聊了聊学钢琴的好处以及未来可能碰到的困难。最后，她还反复跟伊伊说："宝贝，爸爸妈妈都很支持你去学钢琴。可是，我们有一个小小的要求，就是你要承诺一定坚持学下去，不会随便放弃。好吗？"伊伊很爽快地答应了妈妈的要求，还跟妈妈用手拉钩以示承诺。

当她学了一个月左右以后，由于指法练习比较单调，加之老师和妈妈对她的要求很严，很快就产生了放弃的念头。在我们的鼓励下，她又打消了这个念头。后来，在一次练琴时，妈妈忍不住对她发了火。这下可让她找到了借口，赶紧跑过来告诉我："爸爸，我再也不学钢琴了。妈妈对我太凶啦！"我很清楚，这绝不是她一时冲动才说出来的，妈妈的发火仅仅是导火索而已，不愿学钢琴的想法由来已久。

等她的情绪稍微平复以后，我开始问她："伊伊，你觉得自己是一个说话算数的宝贝吗？"此前，我们在她面前一直做到说话算数，所以也要求她同样做到。这一点，她确实也做得很好。

"当然啦！你说我哪一次没有算数呢？"也许是她自己早已忘记曾经对妈妈的承诺，所以就得意忘形地反问我。

"那你还记得吗？你要求学钢琴的时候，答应过妈妈一定会坚持的，不会轻易放弃的。你们还拉过钩的啊！"听我这么说，她有些急了："我才没有跟妈妈拉钩呢。你们骗人！"看她还想抵赖，我马上拿出手机，把之前她和妈妈拉钩的照片找了出来，这下让她傻了眼。最后只好承认自己以前的承诺。

"宝贝，你一直都是一个说话算数的乖宝宝。我们都很喜欢这一点。你可不要因为这次学钢琴的事情，就把自己变成一只说话不算数的小狗狗哦。"

"我才不会呢！我要继续学钢琴，刚才是跟你们开玩笑的。哼！"说完，伊伊立马跑过去找怒火已退的妈妈，重新开始练琴。

虽然学钢琴的难度一直在增加，但从那以后，她再也没有提过不学的想法了。这一次的经历，也让我看到了一个信守承诺、敢于担当的孩子。同时让我意识到，在孩子开始坚持做一件事之前，事先做出承诺，最好还有一个小小的仪式，就可以让责任心的种子慢慢植入孩子的内心。

## 做好榜样，让孩子潜移默化

在培养孩子品格和习惯的过程中，父母做给孩子看，远比说给孩子听更有效。很多时候，孩子会按父母所做的去做，而不是按父母所说的去做，尤其是当父母言行不一时。所以，要让孩子学会主动兑现承诺，做到言行一致，父母首先就得自己做个好榜样，以身作则，给孩子带来潜移默化的影响。

（1）对孩子的承诺，一定要做到。对于孩子提出的某个方面的要求，比如周末带他去公园，一旦父母同意，就一定要兑现自己的承诺，不要出尔反尔。如果确实由于特殊原因，比如天气不好不能去公园，导致无法实现自己的诺言，我们也要尽可能给孩子解释清楚，并取得孩子的认可。切忌随便用一句"我说不去就不去，你怎么这么不听话"来打发孩子。父母经常在孩子面前"毁约"，孩子自然就不会把大人的承诺当真，久而久之，自己也就学会了言行不一。

（2）对家人的承诺，一定要做到。除了对孩子的承诺要兑现，我们当着孩子面答应家里其他人的要求也要想办法做到。比如，对于喜欢打麻将的家长，经过家里人的劝说，当着全家人的面发誓今后不再去打麻将，那么，就一定要说到做到。否则，孩子就很容易学会出尔反尔。

（3）对别人的承诺，一定要做到。有些家长喜欢当着别人的面夸海口，结果又无法实现。这种场景如果经常在孩子面前上演，家长培养出来的孩子很有可能就跟大人一样，信口雌黄，说一套做一套。用比较流行的说法就是喜欢到处忽悠别人，最后的结局就是孩子无法得到别人的信任。

**教养贴士**

　　如果家长从小注重培养孩子的规则意识，逐渐引导孩子学会遵守规则，那么当孩子进入学校和步入社会以后，他们就会更愿遵守规矩和规章制度，自律性就会比较强。

# 21.　规则意识强，才会更守规矩

　　2013年下半年，某相声演员在他的微博上谈教育孩子的老规矩，竟然引起社会的广泛讨论。这条微博之所以能引发网友们的热议，其实也反映出现在的很多年轻父母在养育孩子过程中走入了一个误区，那就是不要给孩子任何规矩，让孩子自由成长。

　　"爱和自由"是目前很多亲子教育书籍和言论中推崇备至的教育理念，也受到很多年轻父母的追捧。但我通过跟很多家长的深入交流，发现他们对这些教育理论和理念的理解有很多偏差，甚至不由自主地滑向天平的另一端，就是要给孩子充分的自由，为了确保自由，孩子可以随心所欲，没有任何规矩和约束。

　　而规则意识淡薄、不守规矩的孩子，其自我管理能力和自我控制能力相对来说也不会太强，这在幼儿园和中小学的课堂里随处可见。如果家长从小注重培养孩子的规则意识，逐渐引导孩子学会遵守规则，那么当孩子进入学校和步入社会以后，他们就会更愿遵守规矩和规章制度，自律性就会比较强。

## 新生代父母，更需重视孩子的规矩

如今，"80后"乃至"90后"已经陆续做了父母。作为新生代家长，学历和知识水平都比较高，教养观念和方式大多比较现代，他们更容易接受西方的养育理念。这对于孩子们的身心成长确实比较有利。

但在遵守规矩方面，应该说他们自己也比较欠缺。他们不愿意给孩子立规矩的一个重要原因，其实就是源于自己也不懂得如何给孩子立规矩。因为大部分"80后"和"90后"都是独生子女，父母和长辈从小就关怀备至、宠爱有加，更舍不得用一些规矩来要求和约束孩子。所以一部分年轻父母对于一些做人和做事的规矩，自己应该也是比较生疏的。

在孩子的成长过程中，我们确实需要学会不断对孩子放手，让孩子自我成长。但是，放手并不是撒手，更不是放任自流。没有任何约束的自由必将演变为宠溺，娇生惯养的孩子基本上都没有受到什么约束。顺应孩子的天性，尊重孩子的选择，并不是彻底放弃规则。有约束的自由，建立在规则基础上的自由，才是真正的自由！

当然，给孩子订立规矩，并非越多越好，但也没有任何标准答案可以参考。订立什么样的规矩、制订多少规矩，完全需要根据不同发展阶段的要求、孩子自身的特点、家长的教育理念和教养方式等综合考虑。总的原则是，规矩越少越好，才能有启发的作用；孩子越大，规矩越少，放权越多。

## 拿孩子当人看，与孩子一起订规则

其实，孩子的可塑性比较强，只要家长对孩子有所要求和约束，大多数孩子都是可以做到的。但家长首先要拿孩子当人来看，把规矩的道理讲清楚，而不是要求孩子像机器人一样盲目地服从。

对于大一点的孩子，很多规矩，如果不涉及重大原则性问题，家长最好和孩子共同商定，尽可能给孩子选择的权利和机会。比如每天的零食量，每天玩电子游戏或看电视的时间以及相关限制条件等。当然，在与孩子一起制订规则的时候，我们需要坚守的底线也不要轻易退让。

当孩子参与制订了自己需要遵守的规则时，既可以增强孩子对规则的理解和认同，还可以让孩子逐渐学会主动遵守规则。一个规则意识强的孩子，很多时候都不需要别人的提醒和监督，就会自觉自愿地守规矩，甚至还会督促大人不要破坏规矩。

## 为孩子立规矩，大人意见要一致

现在的年轻父母，大多数都需要在职场打拼。这种情况下，我们不得不依靠老人帮忙或者聘请保姆看护孩子。而在教育孩子的过程中，最令我们头疼的事情就是家里人的意见不一致，比如年轻父母和老人之间的观念不一、夫妻之间的意见不同、保姆的执行不到位，等等。

在为孩子立规矩的时候，所有家庭成员的意见需要统一，即使做不到完全一致，也要先保留意见，不要当着孩子的面表达对某个规矩的不满，更不要随便去破坏已经定好的规矩。否则，孩子就很容易学会钻空子，根本不把规矩放在眼里，因为他们始终能找到可以依靠的保护伞。

邻居家有个2岁多的男孩豆豆，长这么大一直都是老人给他喂饭。

父母为了让孩子逐渐养成自己吃饭的习惯，就开始跟豆豆商量自己吃饭的一些规则，其中很重要的一点就是每顿饭需要自己吃，不需要大人喂饭，如果吃饭的时候不认真，超过1小时就会把饭收走，饭后也不能吃零食，除了牛奶和水果，必须等到下一餐才有吃的。

刚开始的时候，这个孩子一直做得很好，每一顿饭也吃得比较顺利，不需要大人操心。一个月后的一天，豆豆突然闹情绪，晚餐时间也不好好吃饭。当超过1小时，妈妈就把所有饭菜全部收掉，并告诉孩子要严格遵守一个月前制订的规矩，晚上除了喝牛奶，其他东西都不准吃。豆豆看到妈妈态度这么坚决，只好作罢。

令豆豆妈妈想不到的是，一直很疼孙子的爷爷却不高兴了，就跟豆豆妈妈僵持不下，赶紧把收走的饭菜又端来给他喂，生怕宝贝孙子饿坏了肚子。固执的爷爷谁也挡不住，就连一旁劝阻他的奶奶出面也无济于事。豆豆妈妈虽然气急败坏，但是为了不跟老人正面冲突，只好忍气吞声，眼睁睁看着一直执行得很好的规矩就这样被倔强的爷爷给破坏了。

更让人意外的是，有了这一次的例外，豆豆接下来几天吃饭的表现都大不如前，偶尔仍然需要大人喂饭。由于爷爷在其他方面也是如此，所以豆豆对于大人立的规矩就慢慢学会了选择性执行。当爷爷可以成为保护伞的时候，豆豆基本上就不会把一些要求和规矩放在眼里。

久而久之，爷爷和其他家庭成员的矛盾逐渐加深，经常为了豆豆的教育问题发生争吵。听说豆豆妈妈曾经为此提出要跟豆豆爸爸离婚，并一气之下回到娘家住了一段时间。闹到最后，豆豆奶奶和爸爸只好把爷爷劝回老家一个人住，孩子主要由豆豆奶奶照顾。

当豆豆在家里失去了保护伞以后，很快又可以自己好好吃饭了。同时，对于其他方面的规矩，他又慢慢开始主动遵守了。

## 引导孩子继承和发扬老规矩的精髓

本篇开头提到的那位相声演员在微博中所提到的那些老规矩，主要还是关于礼貌礼节方面的内容，大部分规矩用现在比较流行的说法其实就是餐桌礼仪。作为礼仪之邦，我认为这方面的大多数规矩都是需要继承的，当然有些规矩不一定严格照搬过去的做法，可以根据时代的发展与时俱进、不断更新。无论如何，这些老规矩的精髓不要摒弃。

现如今，我们身处一个十分便捷的信息化社会，在带给我们方便的同时，也在深刻影响着人们的生活方式，改变着人们的生活习惯。在如此便利的情况下，如果传承和发扬老规矩仍然沿袭和照搬过去的方式，难免就会被新潮的父母和孩子们抛弃。因此，对于一些老规矩，我们还需要在继承的基础上进行创新，以适应生活在现代社会的孩子们，让他们易于接受、自愿遵守。

## 附：某相声演员列举的老规矩

人活一世是要有规矩的。有礼数有体统，正所谓无规矩不成方圆。孩子在街上走，穿着打扮看娘的手艺，说话办事显出爹的教导。

全家人围坐用餐，大人不动孩子不能动。长辈坐正中，其他人依次而坐，一般来说夫妻要挨着。有的孩子得宠，可以挨着老人，但座椅不可高于长辈。吃饭坐哪就不能再换，端着碗满处跑那是要饭的。不许用筷子敲盘碗，也有乞丐之嫌疑，在外吃饭这叫骂厨子。喝汤不许吸溜，吃饭不许吧嗒嘴，要闭上嘴嚼。儿时的郭麒麟常因吃饭出声音而被呵斥。夹菜只许夹前面的，不许过河。许骑马夹，不许抬轿夹。骑马指的夹浮头的菜，抬轿是抄底，那为下作。吃烙饼不许从中间吃，咬一洞像纸钱，老人不开心。筷子不许立插米饭中，因为象征香炉，只有死刑犯的辞阳饭才这样插筷子。吃饭时，手要扶碗，决不许一只手在桌下。家有客人，要谨记茶七、饭八、酒满。客人添饭时一定不能说：还要饭吗？必须问：给您再添点？当然，讲究是赴宴一般不添饭。

上人家串门，敲门时先敲一下，再连敲两下，急促的拍门属于报丧，本家必不悦。递剪子时要手攥剪子尖儿，把剪刀柄让给对方。与人拍照合影，轻易不要手搭对方肩膀，除非是长辈疼孩子方可。

另外，大人教育孩子还有许多琐碎事。不许叉腿待着，不许咋咋呼呼，不许嗑牙花子，不许斜着眼看人，老话说眼斜心不正。不许撸袖子挽裤腿，不许抖腿，所谓男抖贱女抖浪。与人交谈必须称您，第三人称尊称要说怹（tān）。

规矩可以不遵守，但是不能被毁灭。

**教养贴士**

　　一个会管理自己时间的人，他的自我管理能力相对也会更强，做很多事情的自觉性也会更高。这从一定程度上也可以衡量一个人的自我控制能力。

# 22．管理好时间，才能自觉行动

　　虽然从数量上看属于每个人的时间都是相同的，但是不同的人利用时间的效率却可能完全两样。举例来说，对于学龄前的儿童，有的孩子在吃饭上就需要花一两小时，而有的却只需要半小时；对于同一个班级的学龄儿童，有的孩子每天做作业需要两三小时，而有的却只需要半小时到一小时；对于同一个岗位的成年人，一部分人完成相同任务所需的时间总是比另外一部分人要少。

　　导致这些情况的出现，既有个体差异的因素，也有周边环境的影响，但最主要的原因还是能否管理好自己的时间，能否做到不磨蹭。一个会管理自己时间的人，他的自我管理能力相对也会更强，做很多事情的自觉性也会更高。这从一定程度上也可以衡量一个人的自我控制能力。

　　那么，我们如何从小就开始树立孩子的时间观念和培养孩子的时间管理能力呢？

## 让孩子明白时间是自己的

为什么很多孩子吃饭总是磨蹭、早上总是赖床、作业总是拖拉呢？其中一个重要原因就是很多大人总是喜欢代替孩子管理本属于孩子自己的时间，日复一日，逐渐就把自己的孩子培养成一个"不催就不动"的孩子。如果孩子的时间一直由家长来管理，那么只要离开了大人的催促和监督，孩子就很难自觉按时行动。

培养孩子的时间管理能力的前提就是让孩子明白"时间是自己的"、"管理时间是自己的事"，同时还要让孩子自己承担没有管理好时间的后果。我们在指导孩子学会时间管理的过程中，并不是一味催促孩子"快点！""快做！"，而是从小就让孩子意识到"自己的时间"，并建立自己的"时间规则"。

在我们家，老人和我们在这个方面的做法有些不同，所以也导致伊伊有时候会出现磨蹭的现象。比如晚上睡觉这件事，我和伊伊妈妈一般会在规定的上床睡觉时间到来之前，轻声提醒她："伊伊，现在已经8点了，再过15分钟你就要准备洗脸刷牙啦！"外公和外婆一般会在到点时不断催促她："伊伊，快到8点半了，快点来洗脸刷牙吧！"

我曾经在一段时间内细心比较过这两种做法的效果，只要是我们提醒过她的情况下，伊伊基本上都能自觉做到按时洗脸刷牙和上床睡觉。而老人不断催促的情况下，她反倒会慢慢吞吞地去做，有时候还会故意拖延一会儿。

除了按时睡觉这件事，日常生活中还有很多类似的事情需要孩子去自觉按时完成。当我们的孩子还没有学会认识钟表、对时间的感觉还不够的时候，采用提醒的方法，其实就已经在暗示孩子"时间是属于自己的"、"自己的事情需要自觉按时去做"。而采取不断催促的做法，就很容易让孩子产生两种心理：一是依赖心理，认为所有的时间和事情跟自己没有太大关系；二是逆反心理，并可能采取故意"慢点"的方式来对抗大人不停的"快点"。

## 让孩子体会和感受时间

孩子喜欢磨蹭的另一个原因就是缺少对时间的感知。在幼儿阶段，一年有多久、一天有多长时间，孩子们一般是没有多少概念的。在他们的心中，对时间感受最多的就是"现在"，至于刚才、昨天、前几天基本上都是"以前"，明天、后天基本上都是"以后"。正因为他们只能感觉到"现在"，所以就不会像成人一样感觉到时间的流逝，更不会懂得争分夺秒或者珍惜光阴这种"高端"的做法。

随着孩子的逐渐成长，认知和理解能力也会不断提高，这就需要我们在日常生活中让孩子自己去体验和感受时间，慢慢增强孩子对时间的感觉。这也是训练孩子管理好时间的首要任务。

（1）让孩子意识到时间。

虽然大部分孩子都需要等到上了小学一年级才会正式学习认识钟表和计算时间，但是家长仍然需要从小就开始让孩子对时间有意识，并能把时间跟自己的生活联系起来。

当孩子还不会认识钟表时，我们可以根据生活中的节奏经常告诉孩子"马上就是×点钟了，你该睡觉啦"，或者指着时钟对孩子说，"当这根短针走到8的时候，我们就该上学去了"。当我们外出时，可以把跟时间相关的事物进行关联，比如根据太阳的位置、月亮和星星的出现、早中晚吃饭等推测时间的变化。如果我们把时间和生活经常联系起来，并有意识地告诉孩子，他们就能逐渐在生活中增强对时间的感觉。

（2）在家里多挂几个时钟。

随着手机和其他电子产品的日益普及，成人获取时间的工具几乎无处不在。不过对于幼儿来说，时钟才是体会和感受时间的最好工具，因为它很直观，既有比较大的体积，也有随时可以看见的时针、分针和秒针，好一点的时钟还会发出"滴答滴答"的响声。为了训练孩子对时间的直观感受，我们可以在家里每个房间都挂上一个大一点的时钟，并经常把时间以及生活事件跟时钟对应。

（3）让孩子体会时间的长短和变化。

无论大人还是孩子，同样的时间给我们的感觉都会因人而异、因地而异。对于我们喜欢的东西，总是感觉时间过得太快。而那些不太喜欢或者需要等待的东西，就会感到时间特别漫长。

我们可以通过把孩子的一个行动与具体的时间进行对应，让孩子体会和感受时间的长短。比如，早上起床和穿衣服需要5分钟，吃饭需要半小时，外出玩了2小时，每天在幼儿园待了8小时，等等。同时，我们还可以通过对比漫长的5分钟和匆忙的5分钟来让孩子感受不同状态下的时间变化，比如排队等候5分钟和看喜欢的动画片5分钟。

## 让孩子学会合理分配时间

喜欢拖拉的人一般都不懂得合理分配自己的时间，做任何事情的随意性都很大，想干什么就干什么。这样一来，对他们来说就难以产生紧迫感，时间往往就在弹指一挥间悄然流逝。

能高效利用时间的人，大都具有一个共同之处，就是会合理地分配自己的时间。当时间得到合理分配的时候，我们都会在划定好的时间范围内聚精会神地去做该做的事情，比如该吃饭时就吃饭、该写作业时就写作业、该玩时就玩、该睡觉时就睡觉等。

（1）多跟孩子讲"现在是××的时间"。

对于学龄前的孩子，尚不完全具备自主支配时间的能力，这就需要家长和老师多跟孩子讲"现在"，让孩子清楚每一天都是怎么度过的、大概什么时候做什么事情。比如，"现在是读绘本的时间"，"现在是去上幼儿园的时间"，"现在是吃晚饭的时间"，等等。

（2）培养孩子分配时间的能力。

对于学龄儿童来说，既要面临一定的学习任务和压力，又要尽可能保证睡眠、充分休息。无论学习还是生活，他们都需要通过不断练习来提高自己分配时间的能力。尤其是遇到考试的时候，能否分配好自己的时间往往就决定了是否可以取得好成绩。

伊伊上小学后的第一次考试，主要就是因为分配时间的能力不够导致分数不高。后来，当我们告诉她一些分配时间的小技巧，比如答题时先易后难、遇到不会做的地方赶紧跳过，以后，她就慢慢学会了在学习和考试的时候如何分配好自己的时间，成绩也就一次比一次考得好。

（3）教孩子学会取舍。

在面临很多事情需要做的时候，时间对任何人来说总是显得很有限，这就需要我们抓大放小、区分轻重缓急，该舍弃的时候学会放弃。对于学龄儿童而言，学习始终是最重要的事情，所以在没有完成作业的情况下就不能玩耍，在没有掌握已经学习过的知识时就只能放弃休息、多做练习。同样，在生活中也会面临很多需要舍弃的时候，我们就要教孩子学会判断"现在最重要的事情是什么"。

## 让孩子养成遵守时间约定的习惯

在小孩子的眼中，时间并不像大人眼中那么宝贵，即使大把"浪费"时间也不会感到可惜，一顿饭吃上两三个小时自己仍然还会有玩耍的时间，家庭作业做上几小时自己仍然有睡觉的时间。

因此，当孩子稍微对时间有一些感觉之后，我们就需要在一些重要的方面给孩子限定一个完成时间，并让孩子逐渐养成遵守时间约定的良好习惯。比如，吃饭不超过1小时，到点就收掉饭菜，没吃饱也只能饿一顿；根据当天的作业量，规定几点前完成作业，按时完成才能出去玩。

当孩子很小的时候，家长带小孩出去玩，遇到最为头疼的问题，就是不管使用什么招数，孩子就是不愿回家。如果大人生拉硬拽，小家伙可能就会倒地耍赖；如果大人呵斥怒骂，小家伙可能就会大吼大叫；如果大人轻言细语，小家伙可能就会哭哭啼啼。这是我在小区里面经常看到的一些场景。出现这些现象的一个重要原因，其实就是大人从小就没有注意培养孩子主动遵守时间约定的习惯。

大约从伊伊2岁左右的时候，我们每一次带她出去玩都会事先告诉她大概玩多久就要回家。一旦跟她说好，我们绝大多数时候都会按照既定的时间带她回去。即使遇到一些特殊情况需要延长时间，我们也会告诉她这一次只是特例，下一次就不可能这样了。由于这个原则一直遵守得比较好，所以每一次回家之前只要提前5到10分钟告诉她还可以玩多久，到点她就很配合，有时候大人忘记了她还会自觉提醒。所以，我们几乎很少为类似这种事情去操心。

*教养贴士*

　　当孩子处于婴幼儿阶段时，我们需要尽力呵护孩子的秩序感和培养孩子有规律的生活习惯；当孩子处于学龄阶段时，我们需要创造机会让孩子学会制订计划，并在执行计划的过程中引导孩子学会自我管理。

# 23. 制订好计划，才能有条不紊

　　在孩子们的生活和学习中，很多事情都有先后顺序和轻重缓急，每一天的安排都要比较有规律。要把这些事情安排得井井有条，他们就需要学会制订计划，学会自我规划。这也是衡量一个孩子的自我管理能力的重要标准。

　　当然，让孩子学会制订计划和安排日程，并不是一蹴而就的事情，这需要一个循序渐进、潜移默化的过程。当孩子处于婴幼儿阶段时，我们需要尽力呵护孩子的秩序感和培养孩子有规律的生活习惯；当孩子处于学龄阶段时，我们需要创造机会让孩子学会制订计划，并在执行计划的过程中引导孩子学会自我管理。

## 不要随意破坏孩子的秩序感

　　秩序敏感期是蒙台梭利提出的儿童的重要敏感期之一。孩子需要一个有秩序的环境，按一定的秩序、规则和习惯整理环境，通过把环境秩序化来增强自己的安全感。

孙瑞雪老师在《捕捉儿童敏感期》一书中提到，儿童在出生几个月一直到6岁，秩序的敏感期是螺旋状的。儿童秩序的敏感期呈现螺旋式上升的三个阶段：第一个阶段，为了秩序的破坏而哭闹，秩序一旦恢复就会安静下来；第二个阶段，为了维护秩序而说"不"，自我意识开始萌芽；第三个阶段，为了维护秩序而执拗，一切要重新来。

我一直认为，不随意打断孩子，就是对孩子最大的尊重。然而，现实生活中，很多人总喜欢随意打断孩子的言行、打破儿童的秩序，自己却浑然不知或者不以为然。

有些家长喜欢在孩子集中注意力做一件事情的时候，千方百计地去干扰孩子，甚至是强行打断孩子；有些家长喜欢随意把玩孩子摆放整齐的玩具或者破坏孩子刚搭好的积木，全然不顾孩子的感受。这一点在老人身上尤为明显，有时候是以嘘寒问暖的名义去关心孩子，有时候是因无聊至极去逗孩子，还有些时候是图自己方便去催逼孩子。无论哪种情况，这样做都会极大地破坏孩子的秩序感和专注力。

伊伊从小喜欢阅读，上了小学以后，她对阅读的兴趣更是日趋浓厚。有一天早上，她6点就睡不着了，于是起床开始看书，看的是前几天从图书馆借回来的《格林童话》，这也是她最喜欢看的书。快到她每天起床的时间，外公迫不及待地跑到房间里去催她赶快洗脸刷牙和吃早饭。由于伊伊正看得起劲，等外公走出房间后，她还在继续看书。

一向耐心不是很好的外公，见伊伊无动于衷，于是开始在厨房大声喊她。虽然喊了好几遍，但伊伊看得太投入，还是没有吱声。就在此时，我赶紧跑过去，看她正在读一个故事，还有两页就读完了。于是我就让她自己告诉外公，还有5分钟就能读完这个故事，5分钟后就去洗脸刷牙。当老人家得到一个确切的时间后，也就不再继续催促了。

事后，我向老人家做了解释工作，并说好尽量不要在孩子专心做一件事情时去打扰她，而是尽可能让孩子自己设定完成时间、自己安排好计划。

## 让孩子养成规律的生活习惯

无论大人还是孩子，只有在每天限定的24小时内，分配好自己的时间，安排好自己的计划，完成每天必须做的事情或任务，才能在心理上获得极大的自由，并发展出内在的秩序，从而做到有条不紊、从容不迫。

对于已经入园或入学的孩子来说，每天在学校的学习和生活都是非常有规律的，该上课时上课、该休息时休息。一旦回到家里，由于每个家庭的情况不一样，每个家长的教养方式也不同，所以有些孩子在家里的生活和学习就不再像学校那样井井有条。

而有规律的生活既可以让孩子体会和感受时间的变化以及生活的秩序，又有利于培养孩子的自我管理能力和自我控制能力。因此，从小让孩子养成有规律的生活习惯就显得尤为重要。

我们可以从以下几个方面帮助孩子做好自己的生活和学习计划，逐渐形成有规律的生活习惯：

（1）早睡早起。每天尽量在晚上9点之前上床睡觉，早上7点左右起床。

（2）定点吃饭。婴幼儿阶段的孩子，不管母乳还是奶粉或辅食，尽可能每天固定几个时间点喂养；大一点的孩子，早中晚三餐的就餐时间以及晚上喝牛奶的时间尽可能固定。

（3）按时作业。对于学龄儿童，每天回到家的第一件事就应该是按时完成家庭作业。

（4）控制玩电子游戏或看电视的时间。每天玩电子游戏或看电视的次数和每次的时间需要适当控制，很多孩子的生活规律就是被这些吸引力很强的东西给破坏的。在这些方面，我们从小对伊伊就有明确要求，每天玩电子游戏或看电视的次数为1~2次，玩电子游戏每次不超过半小时，看电视每次只能看一集到两集或不超过一小时。

（5）家长也需要有规律的生活。经常遇到家长向我咨询怎么才能让孩子早睡早起，我通常会先问他们自己是否做到，几乎所有人都告诉我自己就是个"夜猫子"。如果家长的睡觉、吃饭和其他作息时间都没有规律，难免会对孩子的生活节奏产生负面影响。

## 利用表格，引导孩子学会制订计划

很多做事有计划的成年人都可以算得上运用表格的高手，他们会把自己的工作计划和每天的日程安排通过表格形式呈现，在具体执行过程中进行对照和检查。这是一种很好的制订计划的方式，同样也适用于大一点的孩子。要让孩子学会运用表格制订计划，我们就需要在生活中多给孩子创造练习的机会。

（1）从制订"今天的计划"开始。对于孩子们而言，除了假期和周末以外，每天的学习和生活计划大致差不多。我们首先让孩子把每天"必须做的事情"和"希望做的事情"一一列在一张表上，尽可能写得具体一些，并注明起止时间；全部罗列完后再根据事情的性质和重要性等进行先后顺序的调整和适当删减；最后把确定的各项任务做成一张正式的计划表，可以贴在家里比较醒目的地方。这样一个过程其实也是在让孩子认可和确认自己制订的计划。

（2）鼓励孩子制订旅行计划。对于现在的孩子们，外出旅行已经成为家常便饭。当我们确定旅行目的地以后，完全可以把旅行计划交给大一点的孩子去做，比如，从旅行的时长到游玩的景点，从每天的行程到每顿饭的安排等，全部做成一张表格。我有个朋友的儿子，从5岁开始，家里每一次的旅行计划都是主要由他完成，家长主要提供建议。听说大多数的旅行计划都安排得很好，偶尔也有考虑不周的地方，但在途中遇到的问题和困难同样可以让孩子吃一堑长一智。

（3）教孩子制订中长期计划。当孩子到了小学高年级的时候，我们可以把制订计划的练习进行升级，逐渐教孩子学会制订中长期计划。列入中长期计划的事情最好是需要持续一段时间或者长期坚持做的任务，比如学钢琴、画画、游泳、围棋，假期安排等。做这些事情都需要循序渐进，所以就需要制订一些阶段性的目标和计划，完全可以通过表格的形式来制定。

## 利用假期，引导孩子学会自我管理

每年一个月左右的寒假和两个月左右的暑假，正是引导孩子学会自我管理的大好机会。在假期开始之前，家长就可以帮助孩子拟定一份假期安排计划。如果有条件，还可以细化到每天的安排。不要因为假期，就打乱孩子的生物钟，作息时间和平时差别不要太大。

　　2014年的寒假，伊伊已经上小学一年级。这个寒假也是她人生第一次面对有学习任务和寒假作业的假期。作为爸爸的我，当然也是摸着石头过河。寒假刚开始，正当我还在为女儿的假期如何让她自己做主而发愁的时候，恰好看到一个朋友的微博上贴了一张她跟孩子商量的寒假生活规划表，让孩子每天按照这个计划自己安排时间完成学习任务和其他事情。

　　于是，我们就借鉴了朋友的这个做法，跟伊伊一起采用表格的形式制做了一个属于自己的寒假生活清单，其中既有完成学校布置的学习任务，也有每天自己读书、弹钢琴、听爸爸妈妈讲故事等事情。这些任务，由她每天自主安排时间完成，我们既不督促，也不打扰，只有遇到问题或困难时，我们才会挺身而出。除了这些之外，其他时间也完全由她自己做主，可以画画、出去跟小伙伴一起玩等。

　　我们对她一直采取完全信任的态度，所以每天她是否不折不扣地完成这些任务，也就没有进行检查和督促。但令我们意外的是，临到开学的前一天，她一直声称已经全部完成的寒假生活上面居然还有个别遗漏之处，语文老师布置的每天写字的任务，偶尔也有偷懒。这也算得上利用假期引导孩子学会自我管理的一个小插曲。

　　我一直认为，孩子的成长之路上，每一个问题都是一次机会。既然发现了孩子的这些问题，我们就可以利用这个机会对孩子进一步引导。虽然刚开始发现的时候，我也难忍心中的怒火，但我知道一味对孩子发脾气于事无补。

　　于是，我就平心静气地引导孩子认识到这个问题的严重性和自己犯下的错误，并让女儿自己选择如何承担责任和弥补后果。没想到，她对自己的要求不低，除了立即补完这些任务之外，还给自己额外增加了一些学习任务，作为自我惩罚措施。其实，自我纠错和自我惩罚，也是孩子学会自我管理的必经之路，当然更是提高自控力的重要措施。

心理韧性很强、意志很坚定的孩子就像一棵垂柳，在猛烈的狂风暴雨中它会弯曲但不会被折断，它还可以在风平浪静后恢复到比原来更强壮的状态。

# 24．磨炼意志力，才不轻易退缩

前两年，斯坦福大学心理学家凯利·麦格尼格尔教授所著的《自控力》在国内翻译出版，并迅速成为一本畅销书。这本书主要是写给成年人看的，英文原名为*The Willpower Instinct*。其实更确切的翻译应该是《意志力》。不过，作者在书中对意志力的定义为"控制自己的注意力、情绪和欲望的能力"，似乎已经把意志力等同于自控力。

我在这里探讨的意志力，应该算是狭义的概念，也是自控力在某个方面的具体体现。其实，意志力是心理学中的一个概念，是指一个人自觉地确定目的，并根据目的来支配、调节自己的行动，克服各种困难，从而实现目的的品质。这个定义跟中文语境下的毅力和意志更接近。

心理韧性很强、意志很坚定的孩子就像一棵垂柳，在猛烈的狂风暴雨中它会弯曲但不会被折断，它还可以在风平浪静后恢复到比原来更强壮的状态。有些人也把这种能力称为抗挫折能力。

作为家长，我们究竟如何让孩子的意志力不断得到磨炼呢？

## 敢于坚持，磨炼自己的毅力

当面对生活中的困难和挫折时，我们可以有两种选择，一是轻易退缩，轻言放弃；二是坚持不懈，勇往直前。如果选择前者，一辈子可能都不会有所成就；假如选择后者，我们就可以把这些困难和挫折看成是自我成长、磨炼意志的契机。

如今的社会物质条件比较优越，生活环境大为改善，这对孩子们的成长无疑会更有利。随之而来的却是，顺境中成长的孩子往往经不起风吹雨打，坚持不懈的品质也就难以得到培养。但是，任何人的一生都不可能一帆风顺，如果想在未来的生活中面对更大的困难，那么就必须学会在逆境中坚持，正所谓"苦其心志，劳其筋骨"。不断地在逆境中克服困难，坚持下去，就能逐渐磨炼孩子的毅力。

没有一个孩子天生就具有顽强的毅力，这需要父母在孩子经历苦难和挫折的时候，尽可能抑制住"营救和帮助"他们的冲动，让他们亲历磨难甚至痛苦，给他们成长和锻炼的机会。

在日常生活和学习中，难免会遇到一些需要付出很多努力、经历很多痛苦、花费很多时间的事情。比如，对于很多琴童来说，每天坚持练琴半小时到一小时，并非轻而易举的事情，伊伊也不例外。

在她学钢琴已经半年左右的时候，有一段时间，她对练琴总是比较抗拒。其中一个重要原因就是练习的曲目越来越难，老师和妈妈对她的要求越来越高。所以，在那段时间，被逼得紧了，伊伊时不时就会冒出不想再学钢琴的念头来。

即使妈妈经常苦口婆心地给她讲一定要坚持学琴和练琴的道理，也无济于事。有一天，当她和妈妈为要不要多练一会儿僵持不下的时候，我先让她暂停练习。然后，我给她讲了一个自己小时候的故事。

在我上小学时，到书店买了一本很厚的新华字典。我买的时候没有仔细翻开看，回家后才发现，这本总共500多页的字典，中间有几十页存在很大的瑕疵，一面是正常的，另一面由于印刷问题完全空白。当时缺乏生活经验，我压根不知道还可以去找书店退换。

于是，我就找同桌借来一本同一个版本的字典，开始了疯狂的修补计划。从缺损的第一页起，我完全照着这本完好的字典，逐字逐句地用圆珠笔抄写。在那一周多的时间里，不论是下课休息还是回到家，一有空我就会拿出字典来拼命地抄写。

一两天后，我开始眼花缭乱、手臂发酸，有时候做梦都会梦到自己在抄字典。越到后面，我就越想放弃，恨不得马上再去买一本新的来用。不过，每当我想放弃的时候，我都会想到既然已经抄了这么多，再咬咬牙、坚持下去，过两天就可以大功告成了。

其实，我当时这样做的一个重要目的也是想考验一下自己的毅力。真没想到，就这样坚持了差不多十来天，我终于把最后一页给补上了。就在我全部修补好字典的那一刹那，内心的那份喜悦和成就感真是无以言表。从那以后，每当面对困难和挫折时，我总会想起这件事情。即使现在回忆起来，当时的情境依然历历在目。

在我给伊伊绘声绘色地讲这件事的过程中，她听得津津有味，甚至有些目瞪口呆。听完后，她忍不住对我说："爸爸，我觉得你太傻啦！你为什么不去再买一本好的字典呢？"

看她似乎仅把这个当故事在听，我有些着急了："伊伊，爸爸之所以给你讲这件事，其实是想告诉你，很多事情都是需要付出努力、敢于坚持才能做好的。有位名人曾说，世界上没有任何东西可以取代坚持。爸爸妈妈支持你学钢琴，并不是要求你一定要考过多少级，而是希望你长大后能有自己的一两个兴趣爱好。要学好钢琴，就一定得克服学琴过程中的困难，坚持每天练习才行。"

当我说完后，伊伊竟装模作样地回答："我早就知道你会这么说。以后每次练琴前，你都给我再讲讲这个，真的太有趣啦！"说完，她赶紧跑去找妈妈陪她练琴去了。

## 勇于挑战，提升自己的勇气

勇气是一种人们在面对痛苦、困难、危险、挑战或不确定因素时，能够克服恐惧的能力。如果生活中没有任何挑战，那么孩子的能力就得不到锻炼、勇气就难以得到提升，当然意志力就无法得到磨炼。

一旦孩子勇于挑战并获得成功，尤其是突破自己心理上的极限，就将极大地提升他的自信。经历一次成功的体验之后，孩子就会拥有更多的勇气去迎接下一个更大的挑战。即使挑战失败也不要紧，这样可以锻炼孩子的挫折承受力。

伊伊5岁时，我们带她去香港迪士尼乐园，陪她一起玩太空飞船。在玩之前，我对她能否经受住可能的惊吓，心里完全没底。玩的过程中相当惊险，伊伊吓得大哭大叫。但她已经坐上去了，就没有任何退路，只好鼓起勇气坚持到底。没有想到，下来之后，我们大人都感觉头昏目眩，她却若无其事。

经过这次挑战之后，我逐渐发现她对很多惊险刺激的游乐项目不再那么恐惧。后来，幼儿园组织秋游，到一个公园玩海盗船，陪她一起玩的妈妈都很害怕，伊伊反倒不怎么害怕。玩了一次还嫌不够，吵着还要再玩一次。

不过，在引导孩子面对挑战时，我们需要注意以下两个方面：

（1）不要刻意为孩子制造挫折。在日常生活和学习中，我们完全可以发现很多让孩子去挑战的机会，比如，刚学走路的孩子一定会遇到很多磕绊，刚入园的孩子一定会遇到很多问题，刚入学的孩子一定会遇到很多难题。生活和学习中经历的挑战比刻意制造的挫折更具有真实性。真实的体验才能带来自然的成长。

（2）不要超出孩子的能力范围。在成长的每一个阶段，孩子的生理发展、心理发展和社会性发展的程度都不一样。当我们引导孩子勇于挑战时，需要因应孩子的身心发展规律，更不能超出孩子的能力范围，否则可能适得其反。比如，让两三岁的孩子去坐过山车或海盗船，就会超出这个年龄段孩子的心理承受能力，一旦过度恐惧，孩子的胆量就会越来越小。

## 接纳失败，增强自己的韧性

不管生活还是学习中，一个人不可能永远都只有成功，没有失败。对待失败的态度，就决定了下一次是否能够成功。既然"失败乃成功之母"，那么任何人都要学会接纳自己的失败。也可以这样说，真正的失败其实就是不能接受自己的失败。

对待失败的态度、对待逆境的回应，可以体现出一个孩子的心理韧性。韧性是一种能够应对任何挑战的内在力量。在如今这个快节奏、处处充满压力的世界上，所有的孩子都需要具有克服困难的能力和应对失败的能力，无论是在游乐场上，还是在学校里。

那么，我们如何引导孩子坦然接纳失败呢？

（1）认可孩子的努力。只要孩子在做任何一件事的过程中认真过、努力过，即使失败了，他们的努力都不应该遭到否定。从某种程度上说，认真的态度、努力的过程比侥幸的成功、偶然的结果更重要。一次又一次的失败，其实就是在锻炼韧性的"肌肉"，提升跨越下一个障碍的能力和信心。

（2）理解孩子的心情。当孩子遭遇失败时，我们要充分理解他的心情。可以这样对孩子说："宝贝，我知道你这次考得不好，心里很难过。爸爸小时候考不好也会伤心甚至痛哭一场。只要认真总结这一次的教训，爸爸相信你下一次一定会考得更好。"这样就会让孩子坚信，父母永远在他身边，支持他、鼓励他，使他敢于接纳任何失败，增强自己的心理韧性。

（3）帮助孩子吸取教训。每一次失败，都可以变成一次成长的机会。但前提是善于从过去的失败中总结经验和教训。只要帮助孩子找到失败的根源，孩子就可以避免下一次再出现同样的失误。当孩子坦然地面对失败，积极地吸取经验教训，他就会获得两种认识：我已经知道如何做，才能避免下一次的失败，而且我一定能够做到；无论发生什么，我都能自己处理。经历这样一个心理过程，孩子的韧性就会增强，意志力自然也会得到提升。

教养贴士

在能够控制行为之前，孩子需要能够管理或者控制注意。在孩子成长的不同阶段，注意力的发展，不仅跟大脑发育的进程有关，而且还跟这个阶段的认知、心理、情绪和社会性发展密切相关。

## 25. 集中注意力，才不容易分心

"儿子上小班了，注意力总是不集中，老师讲课的时候他总是喜欢动来动去，老是坐不住。幼儿园老师怀疑他是不是有多动症，还让我带他到医院去检查。我真的很纠结要不要去医院。怎么样才能让孩子集中注意力啊？"

经过与这位妈妈的深入交流，我发现问题根源并不在孩子，而是在老师。面对刚上小班的孩子，怀疑孩子有多动症的那位幼儿园老师却大量采用中小学阶段普遍使用的课堂教学方式，甚至还布置一些小学阶段才该有的书面家庭作业。她并没有通过最符合幼儿身心发展规律的游戏和活动等方式进行教学。我可以大胆预测，长此以往，在这个班上，将会有更多的孩子被她误判为"多动症"。

几乎每一天，我都会在自己的微博、微信和QQ群里面收到类似家长们关于孩子注意力不集中、孩子可能有多动症的相关问题，并希望我能给他们支着儿，帮他们解惑。其中一部分问题确实是孩子无法集中注意力，而还有部分问题明显是家长和老师根本不了解孩子的身心发展规律，胡乱给孩子贴上"注意力不集中"的标签。

## 注意的三种类型[1]

注意是指心理资源的集中。在任何一个特定时刻，人们只能注意数量有限的信息。个体按照不同的方式分配其注意。心理学家将这些分配方法分为三种类型：

（1）持续性注意：是指将注意投注于一个选定的刺激上并且持续一段时间，也被称为警戒。

（2）选择性注意：是指将注意集中于与目标相关的信息，忽略其他无关的信息。如在一个拥挤的房间或嘈杂的餐馆中选择注意众多声响中的某一个声音，这就是选择性注意的范例。

（3）分配注意：是指在同一时间内将注意集中在不止一项活动上。如果我们在阅读一本书的同时，又在听音乐，那么正在进行的就是分配注意。

## 不同阶段，注意力的发展规律和特点[2]

在孩子成长的不同阶段，注意力的发展，不仅跟大脑发育的进程有

---

[1] ［美］约翰·W.桑特洛克著，桑标等译：《毕生发展》（第3版）上海人民出版社2009年版，第231页。

[2] 本部分内容根据《毕生发展》一书的相关章节整理。

关，而且还跟这个阶段的认知、心理、情绪和社会性发展密切相关。

（1）婴儿期：新生儿不但可以分辨物体的轮廓，并且还能集中眼力注视这些物体。稍大一点的婴儿能更完整地观察物体的图案。4个月大的婴儿可以有选择地注意某一物体，并且保持注意，对伴有声音的运动刺激比无声的静止刺激保持注意的时间更长。婴儿的注意强烈地受刺激新异性和习惯化的影响，当他们逐渐熟悉一个物体之后，对它的注意就会减少，也就更容易转移注意。

（2）儿童早期：在儿童早期，个体的注意又会发生一些重大变化。学步期的孩子随处走动，其注意从一项活动转移到另一项活动，似乎并没有花时间注意任何一个物体或事件。儿童在家里和幼托中心的经历会影响其注意和记忆的发展。一项研究发现，无论儿童早期（6~36个月）还是儿童晚期，在家中和幼托中心受到丰富刺激和悉心照顾的孩子，在一年级时注意和记忆能力发展得更好。

（3）学龄前：学龄前儿童对视觉注意的持续时间在学龄前的几年内有显著的增长，他们在看电视时每次可以集中注意长达半小时。有研究发现，学龄前儿童的注意与其成就能力及社会技能相关。还有一项研究结果显示，年龄较大的儿童以及社会性发展较好的儿童与年幼儿童以及社会性发展不完善的儿童相比，前者能更好地排除其他任务的干扰，将注意集中于目标任务。

（4）中小学阶段：6~7岁后，孩子能更好地集中注意力关注与执行任务或解决问题相关的内容。这一变化反映了孩子开始对注意进行认知控制。对相关信息的注意能力在小学以及中学阶段平稳发展，在青春期关注无关信息的行为明显减少。在需要时把注意从一项活动转移到另一项活动的能力是注意的另一重要方面，年龄较大的儿童和青少年能够比年幼儿童更好地完成需要注意转换的任务。分配注意能力的发展可能是由于个体拥有了更多可用的心理资源，或是由于个体更善于分配心理资源了。

在能够控制行为之前，孩子需要能够管理或者控制注意。那么，我们究竟如何才能让孩子集中注意力呢？

第一，通过玩游戏，培养孩子抗干扰的能力。

选择性注意主要依靠认知约束——即控制内外干扰刺激的能力。擅长认知约束的个体能阻止与当前目标无关的刺激，避免这些干扰源吸引他们的注意。随年龄增长，抗干扰的能力会不断增强。从儿童早期到儿童中期，认知约束的获得特别显著，在青少年时期得到进一步的完善。

孩子的抗干扰能力，大都表现在玩耍、游戏、运动、户外活动等孩子感兴趣的事情上。对自己喜欢的事情，孩子一般都能做到专注，不容易被其他东西分心。

通过玩拼图、找不同等很多游戏，可以培养孩子的抗干扰能力或者专注力，当孩子完全投入游戏时，他们根本就不会受外界影响而分心。专注力需要从幼儿阶段就开始培养，不能等到孩子进入小学以后才开始重视。除了拼图、找不同这些游戏之外，还有很多有助于培养抗干扰能力的游戏，比如：

（1）木头人游戏。这个游戏可以在家经常玩，很多孩子都喜欢。大人和孩子齐声说："我们都是木头人，不许讲话不许动，还有一个不许笑！"不管什么姿势，都要保持不动，静止几秒钟。

（2）被窝游戏。周末的早晨，不着急起床，和孩子躺在被窝里，跟孩子一起商量一个口令。说口令之前，在被窝里扭来扭去，钻钻爬爬，怎么动都可以，但是口令一下，就不能动了，静静地互相看着，看谁坚持时间长，谁先笑、谁先动就输了。

（3）角色扮演游戏。设计一个活动场景，大人和孩子各扮演一个不同的角色，比如医生看病，可以让孩子扮演医生，大人扮演病人。在玩这类游戏的过程中，孩子一旦进入状态，就会玩得不亦乐乎，也可以持续很长时间。

当然，我们还可以根据情况自己设计很多有利于孩子集中注意力、孩子也很喜欢的游戏。

第二，通过计划训练，提升孩子分配注意的能力。

随着年龄的增长，孩子注意力的集中程度和持久程度都会随之增加。同时，儿童的注意力发展又会发生另一个变化，那就是注意力会更具计划性，即提前想出一系列的行为，并将注意力进行分配以实现相应的目标。

注意力的计划性是与孩子的认知发展相一致的，为解决多步骤或多任务问题，孩子就需要学会选择和取舍，学会安排任务和步骤，确保有条不紊地完成每一项任务。同时，他们还需要随时检查任务完成进度和情况，并根据需要对计划进行调整。

通过计划训练，一方面可以提高孩子的自我管理能力；另一方面也能提升孩子注意力的计划性，增强分配注意的能力。

在大多数情况下，孩子们不可能同时集中注意力去做两件或者更多件事情，一般只能在一个时间段去全神贯注做好一件事情。因此，当面临很多任务需要完成时，孩子就需要根据轻重缓急选择最紧急和最重要的事情先做，甚至还要学会适当放弃一些不重要的事情。

自从伊伊一年级下学期开始，伊伊妈妈就跟她一起制订了每一天的任务清单，除了每天的家庭作业以外，还包括听算、读英语、弹钢琴、阅读或听故事、听英文故事或儿歌等，如有空闲还可以到外面去玩。她基本上每天都会在吃晚饭前完成作业以及听算、读英语这几项任务，饭后到小区散步或玩半小时左右，回家再完成后面三项任务。

只要当天的家庭作业不是很多，也没有其他突发事情，她一般都能完成这些任务。但是，总有一些时候会遇到特殊情况，这就需要她自己选择和取舍了。家庭作业是必须完成的任务，所以也就没有选择的余地。此外，一般情况下，她都会选择先做跟学习相关的事情——听算和读英语，其次是弹钢琴。如果已经到睡觉时间，后面两项任务就会放弃。

通过这样的方式，把每天要做的事情提前做好计划，并根据情况进行选择，孩子就能在做一件事情时集中自己的注意力，不容易因任务很多、时间很紧而分散注意力。同时，在进行计划和选择时，也能逐渐提升孩子分配注意、集中心理资源的能力。

第三，家长学会"闭嘴"，不要随意破坏孩子的注意力。

当家长在四处寻找如何提升孩子注意力的灵丹妙药时，往往却忽略了另外一点，孩子的注意力很多时候就是在大人以"教育"或"关心"之名的随意打扰中被破坏掉的，而我们往往却并没有意识到。

当孩子正在全神贯注地投入一件事或一项活动时，家长就需要学会"闭嘴"，不要在孩子面前逞能或炫耀，不要随意进行指导或关心，更不要随便打断孩子，我们只需要静静地在一旁观察孩子，或者干脆离开。

要做到不随意破坏孩子的注意力，我们还需要学会尊重孩子。当孩子正聚精会神地做着一件对他来说很重要或很好玩的事情时，请不要随意打扰他；当孩子说话语言不连贯甚至表达不清时，请耐心地听他把话讲完；当孩子不愿意接受大人为他强行安排的事情时，请让他先做完自己喜欢的事。特别是当孩子在学习的时候，尽量不去打扰，不要打断他的思路，更不要随便把学习氛围破坏。

我们经常带伊伊到一些公园的儿童游乐场玩。当她玩一些自己喜欢并且能够独立完成的游乐项目时，能不陪的我们尽量不陪，能不说的我们尽量不说，让孩子尽情享受游玩的过程。

但几乎每一次，我总会听到旁边的很多家长，一会儿叫孩子这样做，一会儿叫孩子那样弄；能陪的项目，很多家长也是一万个不放心，跟着上。结果，没学会"闭嘴"的这些大人搞得自己的孩子无所适从。在玩耍的过程中，如果孩子的兴致总是被家长无情地破坏，那么他们也就难以享受到游玩的乐趣。

对于已经上小学的孩子，我同样也会经常听说很多家长在孩子做作业的过程中，总喜欢以"指导"或者"关心"的名义随便打扰孩子，影响孩子的注意力。比如，当孩子正在冥思苦想一道难题时，家长就会"见义勇为"，立马把答案脱口而出；当孩子正在聚精会神做练习时，家长就会嘘寒问暖，赶紧把水果塞进孩子嘴里；当孩子偶尔粗心大意做错题时，家长就会怒火中烧，立刻把孩子骂得狗血淋头。

如果家长学会"该闭嘴时就闭嘴"，无论玩耍还是学习，虽然不能保证孩子的注意力一定会得到提升，但最起码他们已发展的注意力不会受到无端的破坏。

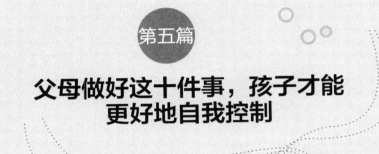

# 第五篇

# 父母做好这十件事，孩子才能更好地自我控制

父母回应孩子行为的方式影响着孩子自我控制能力的发展。那些使用积极的纪律约束策略、使用权威的行为管理方式的成人，更容易培养孩子的自控力，因为他们使孩子参与到了积极的认知过程中。

管教之中需要有智慧的爱相伴，规则之中需要有适度的自由并行。这样的管教才能得到孩子的自发尊重，如此的规则才能得到孩子的自觉遵守。

**教养贴士**

　　安全型依恋的儿童不仅形成了对其养育者的信任，也相信自己有能力获得想要的东西，会获得足够的自信去积极主动地探索世界，从而引发孩子的自觉服从意识和行为。

## 26．安全型依恋关系，引发孩子的自觉服从

　　依恋关系是指孩子与主要养育者之间形成的一种相互、持续的情感联结。从进化角度来看，良好的依恋关系有助于婴幼儿适应环境，确保他们的心理社会需要和生理需求得以满足。孩子与主要抚养人之间形成的依恋关系，影响他们的情绪、社会性和认知能力的发展，并伴随他们成长的全过程。

　　美国心理学家玛丽·爱因斯沃斯通过陌生情境测验，对婴儿的依恋关系进行观察。根据婴儿在陌生情境中的反应，依恋关系分为四类：安全型、回避型、矛盾（对抗）型、紊乱型。

　　对养育者形成的安全依恋能促进探索行为的发展。玛丽·爱因斯沃斯认为，依恋对象是探索行为的安全基地。婴儿能从这个安全基地出发，轻松自如地到别的地方去探险。

孩子和养育者之间的依恋关系越接近安全型，他们越容易与他人形成良好的关系。安全型依恋的儿童不仅形成了对其养育者的信任，也相信自己有能力获得想要的东西，会获得足够的自信去积极主动地探索世界，从而引发孩子的自觉服从意识和行为。

## 安全型依恋关系，引发孩子的自觉服从 [①]

近年来，很多研究从社会学习或社会化的角度对良心的早期发展进行了新的探讨。这些研究发现了很多具有启发意义的结果：如果儿童能与父母建立安全型依恋关系，他们在学步期就可以产生道德良心，而这样的父母通常是温情的、高反应性的，能与儿童分享积极的情感，与儿童一起游戏时尊重儿童的想法，在孩子做了错事又不听话时，能严厉而平静且毫不隐瞒地表达自己的感受，明确地告诉孩子他的行为是错的，并向他解释为什么他应该为自己的行为感到不安。

父母通过说理而不是威胁建立规则，对儿童的错误行为给出明确的评价，以互相理解的方式，使儿童知道什么可以接受、什么不可以接受，从而向儿童提供了一套可供内化的规则系统。温情、安全、相互回应的亲子关系比由惧怕引发的关系更可能使儿童表现出自觉的服从。

在自觉服从的情况下，儿童会有以下表现：（1）遵从父母的安排、规则和要求的动机更高；（2）对父母发出的反映他们行为对错的情感信号很敏感；（3）开始内化父母对他们好行为、坏行为的反应，逐渐体验到自豪、羞愧和自责等道德情感，这些情感有助于他们评价和调节自己

---

① ［美］戴维·谢弗著，陈会昌等译：《社会性与人格发展》，人民邮电出版社2012年版，第323页。

的行为。

相反，冷淡的、缺乏耐心的父母，更多地依靠强权解决冲突，很少与孩子互相分享积极的情感，更可能使孩子产生情境性服从，孩子常常源于父母的强力控制而产生非对立的行为，而不是对合作或服从的愿望。

## 0~3岁，建立依恋关系的关键阶段

0~3岁是孩子与养育者建立依恋关系的关键阶段，尤其是1岁以内。心理学家埃里克森认为，出生后第一年是形成依恋关系的关键时期。他的毕生发展理论提出一个人的毕生发展会经历八个阶段，其中出生后的第一年恰好对应"信任对不信任"的阶段，在这个时期，婴儿必须对满足他们基本需要的人产生信任感。

依恋并非突然产生的，而是经过一系列阶段发展出来的。根据约翰·鲍尔比对依恋的概念化，依恋关系的形成要经历四个阶段：

阶段一：0~2个月。婴儿的依恋集中地指向人的形象。陌生人、兄弟姐妹和父母都同样可以引发婴儿的微笑或哭泣。

阶段二：2~7个月。随着婴儿逐渐学会分辨熟悉和不熟悉的人，依恋固定在一个对象上，通常是主要养育者。

阶段三：7~24个月。发展出具体的依恋，随着运动技能的增长，婴儿积极地寻求与最熟悉的养育者之间的接触。

阶段四：24个月以后。儿童开始能够觉察到他人的感受、目的和计划，并在行动时考虑到这些内容。

为了让孩子与自己形成安全型的依恋关系，父母需要注意以下几个方面：

（1）敏感性：父母能准确察觉婴儿的信号，恰当而且及时地对孩子的需要做出反应；

（2）相互性：父母和孩子相互之间形成积极和谐的互动关系，母亲和孩子的互动主要集中在喂食、换尿布、洗澡等养育行为，父亲与孩子的互动则更多地体现在玩耍和游戏中；

（3）同步性：父母给孩子同等的社会交往，让他们结交更多的玩伴；

（4）积极的态度：父母对孩子表达积极的情感，接纳、喜爱孩子。

## 全职妈妈，有利于安全型依恋关系的形成

随着育儿观念的转变和收入水平的提高，人们发现，身边越来越多的妈妈毅然放弃了自己的工作和事业，选择在家专心养育孩子。有调查显示，全职妈妈的比例每年都在上升，而其中不乏大量高学历、高收入的全职妈妈。

在国外，全职妈妈其实早已不是什么新鲜名词，因为生育孩子或孩子太小需要照顾而主动辞去工作、专职在家带孩子的妈妈大有人在。英国布里斯托大学的赫特·爵斯调查发现，产后的英国母亲有17%成为半就业者，19%脱离工作。美国人口调查局的数据显示，在过去不到10年的时间里，美国全职妈妈的比例增加了15%。到了2004年，有22%的高薪、高知女性选择了回家看孩子，1/3获得MBA学位的美国女性决定回家相夫教子。

我们不禁会问，为了孩子，放弃事业、放弃工作，选择做全职妈妈，真的值得吗？答案显然是肯定的，尤其当孩子还处于婴幼儿时期，妈妈的陪伴和照顾越多，对孩子的成长越有利，孩子与妈妈之间越容易

形成安全型依恋关系。

明尼苏达大学少儿发育研究所的专家进行了一项最全面的长期研究，来考察早期婴幼儿与其照顾者形成的依恋形式，以及这种依恋与其后来的学业成就之间的关系。研究者对174名孩子进行了长达16年的考察。他们首先考察了孩子们的家庭背景，诸如婴儿对父母依恋的模式、孩子的自主性、孩子的自我调节能力、其家庭的整体状况，以及母爱程度等。

随后，他们又考察了这些孩子在学校中的表现，考察他们在学校环境中的适应程度，以及在数学、阅读能力、阅读理解、拼写等标准化考试中的成绩。结果得出一个令人震惊的结论：在孩子智商一定的情况下，婴儿对父母依恋的模式与程度是影响孩子日后学术成就最明显的因素。

如果家庭经济条件允许，依靠爸爸一个人的收入就能支撑全家的生活，妈妈可以选择暂时放弃自己的工作，在家当全职妈妈，尤其是在孩子出生到入园的这段时间。如果妈妈能够在家专心养育孩子，孩子就更容易成为安全依恋型的孩子。

自从伊伊妈妈怀孕以后，她就选择了在家当全职妈妈，直到孩子入园，才又踏上工作之路。虽然她少挣了几年钱，但我们却收获了一个健康快乐成长的女儿。正因为如此，她才有了更多陪孩子玩的时间和精力，也才有了更多时间学习一些育儿知识。现在回过头来看，我们的选择是对的。

全职妈妈除了照顾孩子的生活、负责孩子的衣食住行以外，更需要了解科学的教育理念，学习正确的育儿知识，探索适合自己孩子的教育方式，充分发挥家庭教育的功效。所以，全职妈妈不能只待在家里照顾孩子，应该走入社区、走向社会进行学习和交流，政府也应该提供相应的育儿课程供她们选择，帮助她们学习和成长。能够接触到更多的人，经常与别人进行交流和探讨，也可以避免很多全职妈妈最大的顾虑，即离开工作太久会跟社会脱节。

当然，全职妈妈也不是要一直当下去的，因为孩子是要独立的，希望有自己的空间的。父母也同样需要自己的空间，要追求自己的生活。很多全职妈妈有这样的认识误区，自从有了孩子以后，全世界只有孩子，家里面的一切核心就是孩子，最后连自己的生活空间都没有了。这样的心态也是有问题的，当孩子一天天长大，家长就会逐渐不适应，更有甚者还会出现心理疾病。我们要知道，孩子是独立的人，我们也是，孩子不是为我们而活，我们也不是为孩子而活，每个人都要为自己而活。

## 别把孩子轻易送去上全托 [①]

如今，已有越来越多的年轻父母，一方面，他们需要对付总是忙不完的工作和事业，另一方面又需要面对孩子的接送和照顾等家事，因此，一部分父母就会为是否送孩子去上全托而纠结不已。

把孩子全托在幼儿园或早教机构，自己确实省了不少心，孩子却极有可能留下一个梦魇般的童年，从而影响孩子与父母之间安全型依恋关系的建立。

伊伊妈妈小时候是从幼儿园小班就开始全托的，那时因为她的父母工作比较忙，没有人能按时接送，也没有人能全心照顾她的生活，所以

---

① 引自付小平：《陪孩子一起上幼儿园》，电子工业出版社2013年版，第12~16页。

就把她全托给幼儿园，周五或周六去接，周日晚上再送回学校。

根据她的回忆，全托的小朋友在幼儿园的一周一般分为三部曲：

周一、周二是在伤心中度过。每个小朋友基本都是哭着到幼儿园的，她现在还能记得，当爸妈送她去幼儿园的时候，自己拉着学校铁门不愿松手，不愿进幼儿园的场景。她还记得晚上睡觉时，幼儿园橘红色的灯光和老师们走动的身影，她常常把这些想象成妖魔鬼怪而失眠。

周三、周四是在煎熬中度过。因为想家、想父母，缺乏安全感，孩子们聚在一起最喜欢讲的故事是恐怖故事。至今她还能回忆起，她们讲的隔壁疗养院专门整死人的恐怖故事。我跟她开玩笑，你们不像天真无邪的小朋友，简直就是一群"恐怖分子"嘛。

周五、周六是在期待中度过。她说，有些父母会周五来接孩子，有些则会等到周六。每个家长来到幼儿园，对孩子们来说都是一种安慰，意味着他们的父母也快来了。他们一看到有家长来，就会成群结队拍着小巴掌，跳着大声喊"××的妈妈来了。"这个时候就是小朋友们最快乐的时光。

从全托制度的本意来说，它并不是出于促进孩子身心健康发展的角度来考虑的，更多是为了满足部分年轻父母的需要，也是少数家长迫不得已的一个选择。

从依恋关系和孩子性格的形成方面来说，孩子的成长是通过与家庭、幼儿园及社会环境的互动完成的。上全托的孩子，大部分时间都是与幼儿园的小朋友和老师一起度过的，跟家庭及社会环境的接触相对就很少。

其实，对于学龄前的孩子来说，最重要的是让他们每天感受到父母那份深深的爱和浓浓的情。如果没有这份关爱，缺少那份亲情，孩子就会缺乏安全感，甚至有被抛弃的感觉。这也不利于形成安全依附的人格形态。

虽然心理学上有"童年记忆缺失症"的说法，然而，即使伊伊妈妈的全托生活早已过去几十年，她现在回忆起来却是历历在目、记忆犹新。从我跟她接近20年的相处和共同生活经历来看，我能够明显感受到成年后的她严重缺乏安全感。举个例子来说明，只要遇到我晚上有应酬的时候，不管多晚，她都会等到我回家后才能入睡，并且在等候的过程中总是会经常打电话关注我的进展。之所以这样做，用她的话说，就是担心我在外面遭遇什么不测。

如果家长不是万不得已，在幼儿园阶段甚至是小学阶段，都不要轻易让孩子在学校住读。虽然孩子周末都能回家与父母团聚，但一周一次的见面，对于成长中的儿童来说，还是远远不够的。

对于这个年龄段的孩子来说，跟父母之间的亲子时光，再多都不算过分。当孩子的心理需求没有得到满足的时候，他们的心灵就很可能会受到伤害。而有些伤害，会给孩子带来一生的阴影，可能成为孩子人生中永远无法抹去但又不愿触碰的禁区。

## 别让孩子成为"留守儿童"

农村的留守儿童如今已成为社会关注的一个群体，据全国妇联2013年发布的《中国农村留守儿童、城乡流动儿童状况研究报告》，中国农村留守儿童数量已超过6000万。

当我们关注农村的留守儿童时，其实在城市里也有一部分儿童过着跟农村留守儿童差不多的生活。他们要么长期跟老人居住，与父母两地分居；要么平时跟老人住在一起，周末跟父母一起生活。前者是孩子跟父母生活在两个距离较远的城市，后者是跟父母生活在一个城市，距离相对较近。不管哪种情况，在我看来，这些孩子完全算得上是城市里的"留守儿童"。虽然目前还没有这部分"留守儿童"的统计数据，但是应该为数不少。

（1）对于跟孩子分居两地的城市家庭来说，建议父母尽可能把孩子带在自己身边。如果父母双方工作都比较忙的话，那么就尽量把老人接到自己工作的城市，让老人帮忙照顾孩子的日常生活。

无论是身边的朋友还是网友，已经有太多家长向我咨询时跟我聊到，3岁之前把孩子完全交给老人照看，3岁左右接回自己身边时才发现，孩子的很多习惯已经难以改正。最为关键的是缺失了与父母两三年的情感联结，孩子对父母的要求、规则等置若罔闻，根本不当回事。把孩子惹急了，还会大哭大闹，甚至吵着回到老人身边。

（2）对于跟老人同住一个城市的家庭来说，建议父母尽可能每天晚上把孩子接回自己身边。如果老人和自己住得比较远的话，那么父母平时就干脆住到老人家里或者把老人接到自己家里。只要父母每天都跟孩子有一段共处的时间，陪孩子共进晚餐，陪孩子一起读绘本，陪孩子一起玩游戏，陪孩子一起到外面玩等，就能让孩子感受到父母对自己的爱，就能促进安全型依恋关系的形成。

教养贴士

权威型教养风格是和积极的发展结果联系最紧密的，更有利于培养孩子的自控力。孩子既需要爱和自由，也需要管教和规则，帮助他们规范和评价自己的行为。没有任何规则和约束，他们可能就难以学会自我控制。

## 27. 权威型教养风格，让爱与管教相伴

在一个人的发展历程中，究竟是天性（或遗传）重要还是教养（或环境）重要呢？这个问题曾经在心理学界引发了长达数十年的争论。所幸的是，随着最近几十年心理学研究的不断发展，大多数人都已经摒弃了非对即错的一元思维模式，转而认为天性（或遗传）和教养（或环境）对人的发展都很重要，只不过在发展的不同阶段、不同的发展方面，两者的影响程度不同而已。

著名心理学家尤里·布朗芬布伦纳的生态系统理论认为，一个人先天的生物特征和外界环境共同影响人的发展，并对环境影响作了精细的分析。他把环境定义为"一套嵌套结构，一层套一层，像一组俄罗斯套娃"，发展中的个体处于中心，被几层环境系统所包围，从直接环境（如家庭）到更远的环境，这些环境系统之间以及环境系统与个体之间相互

作用，最终影响一个人的毕生发展。

其实，家庭本身就是一个复杂的社会系统，由相互联系的各部分组成，各部分之间又相互影响。家庭中的每个人和每种关系都会直接或间接地影响到其他人和其他关系。简单地说，父母会影响孩子，而孩子同样也会影响到父母及他们之间的关系，父母和孩子之间的关系还会影响到他们的教养方式和孩子的行为。

## 父母教养风格的四种类型

父母的教养风格会影响孩子应对周围世界的能力。心理学家鲍姆林德认为家长既不应该过度惩罚孩子，也不应该淡漠处之，应该为孩子订立一些规则，并有感情地对待他们。她根据父母对孩子的关爱和控制程度，把教养风格分为四种类型：

（1）权威型：父母重视孩子的个性，既对孩子充满关爱和温情，又会给孩子一些限制和约束。权威型的父母鼓励孩子独立，支持孩子的积极行为，亲子之间的互动和交流也比较多。在权威型教养家庭长大的孩子具有良好的自控力，能够自我独立，成就感也比较强。他们和同伴关系融洽，能够与大人合作，也能很好地应对压力。

（2）专制型：专制型父母强调控制和无条件地服从，对孩子比较冷漠，缺少关爱和温情。他们强加给孩子一些不经解释的规则，对孩子进行严密的限制和控制，还可能会经常惩罚孩子，甚至打骂孩子。在专制型教养家庭长大的孩子往往感觉不快乐，更容易感到恐惧和焦虑，形成孤僻和不信任的性格，通常很被动和缺乏沟通技巧。

（3）忽视型：父母对孩子既缺少关爱和温情，也没有太多约束和限制，基本上对孩子的成长采取放任自流的态度。在忽视型教养家庭长大的孩子，缺乏社交能力，自控力和独立能力也较差，自尊水平较低。

（4）放纵型：放纵型父母对孩子充满关爱和温情，但极少有要求和限制，他们允许孩子想做什么就做什么。在放纵型教养家庭长大的孩子，很难学习到自我控制，往往对父母或他人缺乏尊重，甚至会变得霸道、自我中心、固执，很难与同伴相处。

由此可见，权威型教养风格是和积极的发展结果联系最紧密的，更有利于培养孩子的自控力。孩子既需要爱和自由，也需要管教和规则，帮助他们规范和评价自己的行为。没有任何规则和约束，他们可能就难以学会自我控制。

那么，我们如何做才能成为一个权威型父母呢？

第一，既要"讲爱"，也要"讲理"。

在生命之初的前几年，家庭这个微环境系统对于婴幼儿发展的影响始终处于核心地位。正如苏联教育家马卡连柯所说："不要以为只有你们和儿童谈话的时候，才执行了教育儿童的工作。在你们生活的每一瞬间，都教育着儿童，甚至当你们不在家里的时候。……你们如何穿衣服，如何与另外的人谈话，如何谈论其他的人，你们如何欢乐和不快，如何对待朋友和仇敌，如何笑，如何读报纸……所有这些，对儿童都有很大的意义。"

从这个意义上来说，家庭就是最好的早教环境，生活就是最好的早教场景，父母就是最好的早教老师。

（1）家庭是情感支持的纽带，需要"讲爱"。

家庭作为社会中最基本的单元，还有一个重要功能是为人的发展提供情感支持。它通过血缘关系、依恋关系、手足之情，可以将所有家庭成员紧密联系起来，并成为每一个成员内心情感支持的联结纽带。

无论我们长到多大、走到多远，家庭成员之间的情感支持始终是我们的精神力量之源。从婴儿出生的那一刻，他就需要从抚养者那里不断获取身心成长所必需的情感支持，也就是我们常说的对孩子无条件的爱。

（2）家庭是社会性发展的起点，需要"讲理"。

从人类发展的角度来看，在所有的社会中，家庭最重要的功能就是繁衍后代，并通过养育使其社会化。虽然家庭只是一个人社会化过程中所涉及的其中一个子环境系统，但是家庭在儿童社会化发展方面的影响更早、更持久。其他社会环境同样会影响孩子的社会性发展，但就其力度和广度来看，是永远无法与家庭相提并论的。

社会性发展指的是儿童获得社会中年长成员所认为的那些重要和适宜的观念、动机、价值观以及行为的过程。首先，社会化是规范儿童的行为、控制其不合理冲动的一种方式；其次，儿童在社会性发展过程中所获得的知识、技能、动机和愿望，可以使他们更好地适应所处的社会环境；最后，社会性发展良好的儿童会成长为有能力、适应性强、亲社会的成年人。

因此，在家庭这个最基础也是最重要的社会系统里，父母不仅要对孩子"讲爱"，对孩子有关爱、有尊重、有接纳，给孩子无条件的爱；而且还要对孩子"讲理"，对孩子有要求、有限制、有约束，给孩子立界限、定规则。

第二，温柔而坚定地守住底线，耐心而坚决地树立权威。

鲍姆林德指出，一开始，权威型父母的孩子往往会反抗父母的要求，但是父母对自己所提的要求坚定不移，同时又有足够的耐心等到孩子变得顺从，而不会迁就孩子的不合理要求，也不会以势压人，长此以往，孩子最终就会变得更顺从。

这就要求父母温柔而坚定地守住自己的底线，在原则和要求面前不轻易向孩子让步，耐心而坚决地树立自己的权威。否则，孩子很可能得寸进尺，最终令父母难以招架，让父母的权威甚至尊严逐渐丧失殆尽。

（1）坚持要求孩子做出适当行为。

在引导孩子做出符合父母期望的适当行为时，孩子可能会出现不配合甚至故意作对的情况。一旦我们对孩子提出了要求，就一定要做到言出必行，切忌犹豫不决、优柔寡断。如果父母对自己所提的要求和底线都不能坚持，那么孩子就很容易学会钻空子。

（2）坚决而耐心地对待不顺从行为。

当孩子出现不顺从行为时，我们不要采用强制性的手段逼迫孩子"就范"，而是需要通过我们的耐心去等待孩子，通过我们的坚决去影响孩子，让孩子断了不顺从的念头。孩子虽小，但察言观色的能力似乎是与生俱来的。如果孩子察觉到自己的不顺从行为会轻易得逞，那么下一次表现出的很可能就是更大的不顺从。最终摧毁的就是父母在孩子心中的权威和地位。

第三，这样做，才能成为权威型父母。

（1）创建积极、健康、和谐的家庭环境。

父母有责任为孩子提供积极、健康、和谐的家庭环境，心理学研究表明，人的原生家庭对人的一生影响重大。为了对孩子负责任，家长应该做到：

①不搞家庭暴力（包括冷暴力）。

②不与家人在孩子面前吵架（夫妻之间更要注意）。

③每天花一定时间陪伴孩子（最好是父母一起），让孩子感受到父母的爱与家庭的温馨。

④避免不文明行为，如乱扔垃圾、插队、公共场所大声喧哗等。

⑤尽量不说抱怨话，给孩子传递乐观、向上的积极情绪。

（2）顺应孩子的天性，尊重孩子的选择。

孩子是一个独立的个体，不是家长的私有财产，更不是家长的"殖民地"，孩子和家长都是平等的人。要顺应孩子的天性、尊重孩子的选择，家长应该做到：

①学会倾听孩子，不把自己的想法和意见强加给孩子。

②给孩子独立的权利和机会，不要包办孩子的一切。

③不要看不起孩子，更不要把自己的孩子跟别人的孩子进行比较。

④尊重孩子的隐私，不偷看孩子的日记，不偷听孩子的电话和偷看孩子的短信。

⑤尊重孩子的选择，不强迫孩子接受你擅自给孩子做的选择。

（3）善于发掘优点，学会赞美孩子。

孩子需要被人发现，才会充分发掘自己的潜力。发掘孩子的优点，家长应该做到：

①善于发掘孩子身上的优点和亮点，并找到孩子的缺点和不足，帮助孩子成长。

②学会赞美孩子，一定要真诚、具体、实事求是。

③不把成绩和分数作为评价孩子的唯一标准，而是关注孩子的人格培养、身心发展。

④对待孩子有耐心，不把自己的压力和焦虑传递给孩子。

（4）允许孩子犯错，学会管教孩子。

孩子一定有犯错的时候，也一定有需要改进的地方，父母要学会引导和管教。如何引导，如何规范，家长应该做到：

①给孩子犯错的空间，让孩子有机会经历和体验做错事的后果。

②对于触及原则的问题，要及时进行引导，采用合适的方式进行批评。

③批评孩子要就事论事，不要采用辱骂和体罚等粗暴简单的方式。

④对待孩子的价值观要坚定，前后要一致。

以上这些方面，并不全面，也未必全部适合于所有家庭。所以，需要家长结合自己孩子的特点，因时因地制宜。

**教养贴士**

正如体育教练帮助孩子增强体质和提高运动技能一样，指导型父母也会帮助孩子强化思想和情感的肌肉以及生活技能，让他们更好地自我控制，获得更好的生活体验。

## 28. 教练型父母，引领孩子自我成长

完整的教育体系应该包括家庭教育、学校教育、社会教育和自我教育等方面。对于这四个方面，我一直认为，家庭教育始终处于首要的位置，学校教育处于主导的地位，社会教育是外因，自我教育是内因。

自我成长的动力、自主学习的能力，是每一个孩子与生俱来的本能。这从婴儿的第一声啼哭就可以看出，没有任何人教他们，自己却知道通过哭声来唤起大人的关注和爱护。

当然，这并不意味着父母可以撒手不管，任其自行生长。父母对孩子进行适当的情感指导、行为引导、精神引领，最终都会引发孩子的自我成长、自我教育和自我控制。

美国作家劳拉·马卡姆博士在《父母平和，孩子快乐》一书中有这样一段话："如果我们将自己视为孩子的教练，我们知道我们只能对他们

施加影响。于是，我们会非常努力地保持自尊和亲子互动，孩子也会主动地效仿我们的行为。正如体育教练帮助孩子增强体质和提高运动技能一样，指导型父母也会帮助孩子强化思想和情感的肌肉以及生活技能，让他们更好地自我控制，获得更好的生活体验。"

那么，我们究竟如何做才能引领孩子自我成长，成为一个教练型父母呢？

## 情感指导，让孩子学会情绪管理

大多数父母都会重视孩子的知识和技能学习，比如教孩子认字、算术，让孩子学琴棋书画，教会孩子吃饭穿衣等。但却很少对孩子进行情感指导，比如教孩子如何管理自己的情绪以及相应的行为，如何理解别人的情绪等。

如果父母经常对孩子进行情感指导，既有利于孩子培养情绪控制能力，也有利于父母与孩子之间建立情感联结。在这个过程中，父母跟孩子之间完全是一种平等的朋友关系，彼此信任、互相尊重。久而久之，父母也就自然而然地成为孩子最为信赖的"知己"。

（1）通过移情，接纳孩子的情绪。

情绪是从孩子内心发出的信号，代表孩子最真实的感受，没有任何道德意义上的对错之分。因而，无论孩子表达的是正面还是负面的情绪，我们首先要给予理解和接纳，并站在孩子的视角去感同身受。

比如，当孩子正在看一个自己最喜欢的动画片时，餐桌上已经摆好饭菜，如果我们强行要求他关掉电视可能会引起孩子发脾气，这个时候可以对他说："宝贝，我知道，这个动画片确实很好看，很多小朋友都喜欢看。不过，现在已经是吃饭时间了，你可以先吃好饭再去看，好吗?"

大多数情况下，只要孩子感觉到自己的情绪被父母理解和接纳，他们的情绪强度便会减弱，甚至开始逐渐消失。

（2）允许孩子恰当释放情绪。

让孩子释放情绪，远比压抑他的情绪更有利于孩子的身心健康。被压住的情绪一旦积累到一定程度，不仅不会自动消失，反而可能会通过更剧烈的方式爆发。这就需要父母允许孩子通过恰当的方式释放自身的情绪，比如，在地上跺脚（这是伊伊生气时的招牌动作）、大声哭泣（伊伊也经常使用）、拍打毛绒玩具（伊伊较少采用）等。

当孩子宣泄和释放情绪后，我们既不要冷嘲热讽，也不要视而不见。最好的做法就是给他一个热情的拥抱，给他温暖的关爱，鼓励他向我们倾诉，继续释放尚存的负面情绪。这样做就可以给孩子安全感，还可以借此机会与他建立情感联结，让孩子感觉到父母就是自己的"知己"。

（3）探寻情绪背后的原因。

每一种情绪的背后都是有一定原因的。如果我们能帮助孩子一起探寻情绪背后隐藏的真实原因，那么也就能跟他一起想办法解决问题，消除引爆情绪的导火索。

比如，当不能立即满足孩子的某一个要求而导致他大发雷霆时，我们首先就需要搞清楚他的真实需求是什么。然后，可以引导孩子通过想象愿望得到满足来降低愿望背后的情绪强度，让他以更开放的心态接受替代解决办法。

（4）让孩子理解自己的感受。

根据神经科学的研究，当孩子情绪激动时，他的行为主要受大脑右半球控制。如何让孩子理解自己的感受，我们需要帮助孩子利用左脑，它主要负责理性思维。这样，就可以更好地理解当前发生的事情，不再只是受强烈情绪的控制。

我们可以通过语言或故事，帮助孩子明确指出当前的感受。比如，当孩子害怕打针时，我们就可以在打针之前告诉他："宝贝，今天打针肯定会痛的。不过，究竟有多痛，一是看这个医生是否熟练，二是看你自己是否紧张。如果你不紧张的话，就不会害怕的。要不，你就闭上眼睛吧！"当然，我们还可以给孩子讲讲自己小时候打针的故事，来缓解他的情绪，帮助他理解自己的感受。

（5）合理满足孩子的需求。

很多时候，孩子之所以爆发比较强烈的情绪，比如愤怒的情绪，多是因为他们的一些重要需求没有得到及时满足，但是他们又无法用语言描述。无论多大的孩子，除了吃喝拉撒睡等生理需求外，他们还有更深层次的需求，比如，父母无条件的爱、得到父母的关注、感到被父母接纳和认可、自己做主的权利、独立做事的机会等。

如果他们的深层次需求没有得到合理满足，他们就可能通过哭闹或"不当行为"来表达对其他方面的要求，比如，要求占有更多东西、要求多玩一会儿再睡、要求比兄弟姐妹获得更多照顾等。但是，当我们合理且及时地满足孩子的基本需求以及深层次的需求，并被孩子明确地接受和感受到，他们就会变得更顺从，更愿意配合。

（6）引导孩子正确表达情绪。

每一个孩子都有权利以正确的方式来表达自己的情绪。父母要做的就是告诉孩子，情绪的表达需要适度，表达情绪的方式要正确，表达情绪的时机也要把握好，等等。

比如，当6岁的哥哥最心爱的玩具车被3岁的弟弟弄坏时，哥哥可能会怒火中烧，甚至通过武力来表达。这时，我们就要告诉他："宝贝，弟弟是不小心弄坏的。不过，你也不能通过打他来发泄你的愤怒。你可以大声告诉弟弟：不能乱扔别人的东西，如果下次你再这样，我的所有玩具都不给你玩了。"

（7）通过游戏处理情感问题。

孩子面临的大多数情感问题都是可以通过游戏来解决的。有一本很畅销的书《游戏力》，里面就专门讲到如何借助游戏的力量来帮助孩子管理自己的情绪，处理遇到的情感问题。同时，父母通过游戏来规范孩子的行为也是很有效的。

比如，当孩子生气时，可以玩枕头大战游戏；当孩子有分离焦虑时，可以玩躲猫猫游戏；当孩子捣乱或不听话时，可以玩互相拥抱的游戏；当孩子感到恐惧时，可以跟他玩骑马（骑在大人的背上或脖子上）游戏；当孩子面临很大压力时，可以玩角色扮演游戏。

## 行为引导，让孩子学会行为控制

大多数父母都希望把自己的孩子培养成具有自律意识和自律精神的人，无论大人是否在场，他们都可以做到行为举止得当，能够独立思考和判断，尊重别人。但是，很多父母并不知道究竟如何引导孩子的行为，为了让孩子顺从和配合，他们最容易想到的就是恐吓、威胁或暴力等方式，强迫孩子"一切行动听指挥"。

这样的控制型教育方式在短期内可以很快见效，但却不利于自我调节能力的发展，只能算是权宜之计。然而，教育孩子大多数时候都需要从长计议，否则只是治标不治本。

对于孩子的行为，父母需要多引导、少控制，最终让孩子学会行为的自我控制。引导型教育方式可以激发孩子主动追求正确、得当的行为，父母为孩子提供支持，孩子以父母为榜样，可以让孩子感到自己充满力量，逐渐培养其自我调节能力。

（1）充满关爱地进行指导。

孩子需要大人的关爱才能快乐成长，就像植物需要阳光才能茁壮成长一样。如果想让父母对孩子进行的行为指导变得有效和长久，那么父母跟孩子之间一定要有情感的联结，要有稳固的亲子关系。这一切都离不开父母对孩子无条件的关爱。父母对孩子指导时的关爱程度越高，孩子就会以更加开放的心态接受我们倡导的行为准则和规范。

（2）充满同情地设定限制。

在不同的阶段，父母根据孩子的身心发展特点和规律，为孩子设定适当的限制、明确行为的界限，是养育孩子的一项重要任务。合理的限制和适度的规则可以确保孩子的安全和自由，帮助他们更好地学习社会准则和行为规范。如果父母充满同情地设定限制，孩子就有可能增强自我设定限制的能力，也就是我们常说的自律能力。

那么，我们究竟如何充满同情地对孩子设定限制呢？①

①首先要培养你与孩子之间强有力的支持关系，让他知道你支持他。

---

① 引自［美］劳拉·马卡姆：《父母平和，孩子快乐》，上海社会科学院出版社 2014 年版，第 167~170 页。

②设定限制时，与孩子沟通交流。比如，"这样做好像非常有趣……但是，我想可能会伤害他人。"

③设定限制时，要表情镇定、和善，并表现出真挚的同情。

④设定限制时，要承认他的观点。比如，"停止游戏到屋里来肯定很难做到。但是，现在该洗澡了。"

⑤通过提供选择，消除孩子被"强迫"的感觉。比如，"你现在想进来，还是过5分钟再进来？"

⑥征得孩子的同意，让他承认是"自己"的限制。比如，"好的，5分钟之后再进来。但是，5分钟之后可不准反悔哟？我们拉钩。"

⑦愉快贯彻，保持心情快乐，限制更容易执行。比如，"5分钟已过，现在该进来了。"

⑧持续交流，表达理解。比如，"你玩得真高兴！不过，现在该洗澡了。"

⑨限制讨价还价。比如，"我知道，停止游戏确实很难。但是，我们说好了5分钟后洗澡，而且不许反悔。现在5分钟已过，我们洗吧。"

⑩如果孩子对你的限制又哭又闹，要耐心倾听他的感受。比如，"我就在你身边，宝贝。如果你愿意，我们拥抱一下。"

⑪对孩子行为背后的需求或感受做出回应。比如，"你还想玩游戏，对吗？等我们洗完澡后再玩5分钟，赶快洗澡去吧！"

（3）为孩子提供"脚手架"支持。

"脚手架"是苏联发展心理学家维果茨基提出的一个概念。什么是脚手架？直观的理解就是正在建造的建筑四周搭起来的临时结构，为工人提供保护和支撑。当建筑竣工后，脚手架就会被拆除。

父母为孩子提供的"脚手架"，就是帮助他们建造自己的内在结构，在具体行为上获得成功，能自己面对和解决问题。一旦孩子获得某方面的行为能力，父母就要立马撤回"脚手架"，静候下一次的出手。

那么，父母究竟如何利用"脚手架"支持，帮助孩子培养解决问题的能力呢？

①提供示范。"宝贝，你看，我们可以这样轻轻地摸小弟弟的脸，但不能使劲地捏他哦。"

②提供建议。"你是先洗脸还是先吃饭呢？如果不洗脸就吃饭，你的眼屎很可能就会掉到碗里。你的小手也不干净，如果有细菌，就会生病哟！"

③心理支持。"如果你感到一个人睡觉很害怕，那么妈妈就先陪你睡一会儿吧！"

④友情提醒。"你在睡觉之前，记得把自己的书包整理好，书桌收拾干净。"

⑤热情鼓励。"这首曲子确实有些难。但我觉得多练几次，你一定可以弹得很好的。继续加油吧！宝贝。"

教养贴士

在一个刚柔并济、宽严有度、左右适中的环境中成长，孩子的"呼吸"就能更畅，独立和自主就能更早，自控力就能更强，学习和成长就能更好。

## 29．父母减少"他控"，孩子才能学会"自控"

很多人会这样认为，自控力不强的孩子，都是因为父母缺少对孩子的控制、放任自流所致。确实，有很多孩子缺乏自控力，就是因为父母对他们没有任何约束和限制，完全放任不管而导致的结果。

然而，还有一部分缺乏自控力的孩子，恰恰是因为他们的父母走向了另一个极端，时时处处都在监控孩子的一举一动，甚至用暴力或威胁的方式强力控制孩子的行为，强迫他们服从父母的权威。其结局就是，在父母的严密"他控"之下，孩子完全丧失了学习自我控制的机会，只能盲目和被动地顺从别人的意志，当然他们也就不可能真正学会"自控"。

当然，父母减少"他控"，并不意味着要完全放弃对孩子的管教和控制，而是需要把握好教养孩子的度。在一个刚柔并济、宽严有度、左右适中的环境中成长，孩子的"呼吸"就能更畅，独立和自主就能更早，自控力就能更强，学习和成长就能更好。

## 父母控制的两种类型

布里安·巴尔伯及其同事提出了关于父母控制的一个重要问题，父母可能在行为控制方面存在差异，也可能在心理控制方面存在差异。不同的控制方式，会影响孩子的发展结果。

行为控制指的是通过坚决而合理的纪律和对孩子活动的监控，来管束孩子的行为；心理控制指的是通过忽视或无视儿童的感受，暂停关爱或使其产生羞愧、内疚等心理手段，来影响孩子的行为。

心理学有研究表明，早在学前期就注重严格的行为控制、很少采用诱发心理愧疚手段的父母，其孩子在儿童期和青少年期往往行为良好，他们不会参与违规的同伴活动，通常不会惹麻烦；相反，父母过多地使用心理控制（或行为控制与心理控制的水平都很高）通常与孩子的焦虑、抑郁、加入不良团体、反社会行为等有关。

究竟如何才能做到对孩子进行合适的行为和心理控制呢？具体来说，我们可从以下几个方面入手：

善于倾听孩子；在合适的边界内鼓励孩子的独立；给予大量的温情和照顾；允许孩子表达自己的观点；鼓励孩子与大人一起讨论；公平对待，并保持适当和一致的纪律要求；知道孩子的生活中发生的事；对孩子有较高的期望；具有灵活性；做出行动榜样；提供指导，给孩子讲道理。

当然，这些方面并未囊括全部，家长可以根据实际情况，将这些方面灵活运用到自己的家庭教育当中去。

## 避免过度控制，别做"直升机父母"

国外有一个说法叫"Helicopter parents"，直译过来就是"直升机父母"，形容一些父母成天就像直升机一样盘旋在孩子的上空，时时刻刻监控孩子的一举一动。"直升机父母"的过度保护和限制，使孩子失去自由成长的机会。这既不利于其独立性的培养，又不利于其社会性的发展，当然也就不利于自控力的培养。

下面，我就结合几个真实案例，把父母对孩子的过度控制分为三种类型：

（1）过度溺爱，以"爱之名"行"碍之实"。

2012年8月，《北京晚报》的一则新闻引起了很多人的关注和讨论。一家苹果产品销售店门前，一名女孩怀抱一台iPad，一脸愠色。而不远处，一名中年女子蹲在墙角，手捏纸巾，低头不时抽泣。

销售人员告诉记者，这名女孩即将去外地上大学，今天特意过来买数码产品，"她上来就要买iPhone4s、iPad3和Mac Book这'苹果三件套'，而且都得是高配，超过2万元的支出让母亲觉得有些吃不消。"

这时，女孩大喊一声："不给我买，就让我在大学丢脸去吧。"说完便扔下母亲，扬长而去。

妈妈低头抽泣和女儿扬长而去的画面让人唏嘘不已，很多人都发出这样的疑问："这些孩子究竟怎么啦？父母辛辛苦苦抚养长大的孩子，不知恩图报，反倒把父母当成取之不尽、用之不竭的宝藏，只会"啃老"和索取，只知炫富和虚荣。我们的家庭教育和学校教育究竟出了什么问题？"

这些疑问和说法，都直指一个根本问题："我们到底该拿什么来爱我们的孩子？究竟怎么教育我们的孩子，才能让孩子体会到父母的爱以及回馈这份爱？"

很多父母常常觉得，爱孩子就是提供最好的物质条件，让孩子在最舒适的环境中学习和生活，所以把最好的东西都留给孩子。久而久之，孩子认为这一切都是父母应该做的，吃最好的、用最贵的、穿最奢侈的等，都是理所当然的。如果有一天，当父母无力承受的时候，孩子就会心理失衡，也会抱怨指责，甚至还会做出过激行为。

天下没有父母会说自己不爱孩子，但我们真的会爱孩子吗？一提到无条件地爱孩子，很多父母就认为应该对孩子百依百顺，孩子要什么有什么、想干什么干什么。

我很赞成要无条件地爱孩子，但无条件不等于无界限，更不等于无底线。爱得过度，就会变成溺爱；爱得不当，甚至会变成恨。我们不能以爱之名，行控制之实，把爱孩子当成阻碍孩子成长的借口。很多自以为爱孩子的父母，往往并没有意识到这一点。

（2）过度保护，以"保护之名"行"限制之实"。

曾在网上看到这样一则新闻，因为什么事都要靠妈妈做决定，一名27岁的女孩不会与人相处，导致两年时间里辞掉26份工作。

据悉，这名女孩自大学毕业后，陆续换过好几十个工作，其中不乏国企以及大型跨国企业，不管她到哪里，妈妈总会事先帮她查询好去单位的最佳路线、单位附近的最佳饭馆，甚至连怎么和新同事相处，也要"手把手"地教。

"妈妈随时要打电话问我在哪里、做什么，工作和人际关系上的问题也要我报告，然后给我说解决的方法。"她在接受记者采访时说，"她完全把我当七八岁的小孩，什么事情都要帮我解决，刚开始还好，到后来越来越想抵触，但发现一旦没有妈妈出主意，自己完全没法处理工作和人际交往，只有再换个环境。"

虽然这个情况比较极端，相似的家长不会太多，但现实生活中，不愿意放手的家长却并不在少数。很多父母从小就为孩子包办一切的做法，从性质上来看，跟这个极端案例无异。

大多数家长总喜欢大包大揽、越俎代庖，往往对孩子的各种保护和限制就比较多，从吃穿住行到玩什么、怎么玩，学什么、怎么学，上什么样的学校，找什么样的工作，嫁谁娶谁等，都有家长的干涉甚至强制。

作为父母，我们确实应该无条件地爱孩子，但是这种爱，绝不是包办代替，更不是帮孩子作出他需要作出的每一个决定。孩子的人生只能是自己做主，任何大人都永远无法代替。否则，他的人生将永远依附于别人。一个无法自己做主的孩子，也就鲜有机会学习自我控制和自我管理。

（3）过度管教，以"管教之名"行"控制之实"。

2013年7月，《武汉晚报》有一篇题为"武汉53岁男子因母亲管得严至今未婚"的报道。53岁的张先生说，母亲是一名护士，对任何事情都苛求完美，从小，家里就是母亲"掌权"，父亲倒也乐得清闲。母亲对子女管得特别严，他上面有两个姐姐，作为最小的儿子，更受到母亲的溺爱和严管。

母亲从小就教育他："外面坏人多，不要轻易相信陌生人。"一直到他30多岁，他都不敢交朋友，更别提女朋友了。

张先生说："记得上八年级那年，我请同学到中山公园看展览，同学带了个邻居，多花了3毛钱，按母亲的要求，花一分钱都得记账回去跟她汇报，当晚，她得知我为陌生人花钱后，拿出做衣服的尺子，狠狠打我的手心5下，近40年了，我还记得。"

张先生说，母亲太强势了，以至于到了适婚年纪，根本没人敢给他介绍对象。其实当时他在国企工作，条件并不差。后来有特别熟的亲戚介绍女孩，人家到家里来了一次就不同意了。当时他不知道原因，后来亲戚才悄悄说了实话："人家姑娘不是不接受你，实在是怕这么厉害的婆婆不好相处。"

后来，因为母亲严苛的教育养成他"胆小、小心眼、小气"的诸多毛病，就更没姑娘愿意跟他谈恋爱了。至今，他都没有结婚。

据张先生介绍，母亲1999年就去世了，但这十多年来，母亲对他的影响一直都在。他说，母亲去世后，他看了十多年心理医生，才渐渐将许多事情看开了。

在现实生活中，很多家长为了自己方便和省事，往往无形中就会在自己的孩子身上拴上很多条看不见的绳子，希望孩子的一举一动都掌握在自己的视线范围内，希望孩子的一言一语都落入成人设定的标准答案之中。

很多时候，我们在处理孩子的事情上，往往会把孩子的感受排除在外，不尊重孩子，更不信任孩子。虽然我们喊着"都是为了孩子好"的口号，但都是从自己的角度出发，不厌其烦地为孩子设定各种各样的限制和约束，不遗余力地替孩子来进行判断和选择。

然而，我们却忘记了，孩子也是活生生的人，更是独立的人。在对他们严加看管的时候，我们是否问过他们的感受，是否站在他们的角度思考过，是否真的是为了他们而不是为了我们自己？

的确，孩子需要一定的规则和限制才能健康成长。但是，父母对孩子的管教是需要把握好度的。如果说放任自流是对孩子的不负责任，那么过度管教同样也是对孩子不负责任的表现。当我们以"管教之名"行"控制之实"时，孩子就失去了自我成长、自我约束的机会。

## 跟孩子一起"断奶"，才能减少"他控"[①]

到了本该"断奶"的阶段，很多父母仍舍不得孩子从自己身边离开，成为一个独立的个体。与其说是孩子依赖父母，倒不如说是父母自己不愿意与孩子"断奶"。陪着孩子睡，自己才能睡得香；喂着孩子吃，自己才能安下心；围着孩子转，自己才能闲不住。

在孩子成长的每一个关键阶段，父母都很乐意替孩子的人生做主。很多人还为这样做找出"我太爱孩子了，舍不得孩子受苦受累"，"我都是为了孩子好"等冠冕堂皇的理由。因此，他们才把什么都给孩子安排好。

把孩子人生的每一步都安排好，无论是孩子的生活还是学习，都要去掺和，这是现在很多家长的写照。殊不知，所有这些都可能影响孩子的自主性和自控力发展。其实，很多时候并不是孩子自己想要的，大部分选择其实都是父母在为孩子考虑。因为他们始终把孩子看成自己的附属品，希望能够永远拥有属于自己的孩子。

这些做法，大多数时候都会被父母冠以"爱孩子"的美名。然而，这些看似对孩子的爱，却显得有些变态和扭曲，最后甚至演变成一种伤害。不仅害了父母自己，而且害了孩子一生，甚至害了一家人。

---

① 引自付小平：《把孩子温柔地推开》，机械工业出版社 2013 年版，第 11~15 页。

如果把孩子当宠物养，也许这样的爱，还会让孩子感觉挺惬意的，不用动脑筋，不用独立面对，就有人帮着承担、帮着解决问题。但是，孩子和我们一样也是人，而人是社会性动物，只有融入社会才能体现价值。每个人都是社会最小的单元，他们有独立的思考，有独立的人格，也有自己做主和自我控制的权利。

一个总是依附于父母生长的人，永远都无法学会独立面对社会，更无法自己独立生活，最终失去自主性和自我控制能力。从这个角度来看，父母无微不至的爱其实就是一种伤害。

导致父母不愿对孩子放手，既有大多数家庭都是独生子女这个社会背景的因素，更有很多人把孩子看作自己的私有财产这个心态的影响。深入分析，其实就是很多父母自己压根不愿跟孩子一起"断奶"，希望通过对孩子的控制来实现自己的占有欲，通过对孩子的依赖来获得自身的安全感，通过对孩子的呵护来寻找成就感。

而对孩子来说，只要任何事情都能寻找到靠山，就容易养成一种依赖心理，在心理上难以跟父母"断奶"。孩子总有长大的一天，如果我们不跟孩子一起在心理上进行"断奶"，那么孩子很有可能成为一个永远长不大的"小屁孩儿"，他的自我控制能力也就很难得到顺利的发展。

作为父母，我们需要转变一个观念，孩子是自己生的，但是孩子不是我们的私有财产。父母常常把孩子当成私有财产，把孩子当成是生命的下一段延续，孩子是要继承我们的意愿，弥补我们生命中的遗憾的。于是，我们对孩子有非常多不合理的期望，于是我们管得太多，安排太多，甚至安排他的全部人生。

由于父母觉得孩子是自己的，所以事事都要大包大揽，对孩子照顾得无微不至，怕他经历父母的曲折，怕他吃了父母的苦，怕他承受不起风雨，同时也让他肩负父母过多的期望。最后，把孩子培养成一个不能担负责任，事事依靠父母，不快乐、不幸福、无法自律的人。

蒙台梭利曾这样说："每一个独立了的儿童，他们懂得自己照顾自己，他们不用帮助就知道怎样穿鞋子，怎样穿衣服，怎样脱衣服，在他的欢乐中，映照出人类的尊严；因为人类的尊严，是从一个人的独立自主的情操中产生的。"

虽然孩子需要母亲怀胎十月，靠父母辛勤养育才能长大成人，但是孩子作为独立的人，应该是拥有独立人格，并能承担自己责任的人。就像《圣经》里面所说：你们要知道，你们的孩子并不是你们的，他是上帝派来的天使，你们只是负责照顾。

如果我们真的爱自己的孩子，就让孩子走自己的路，不要试图去霸占他。我们需要成为一个旁观者，我们需要为他们的成长鼓掌，我们需要扮演好一个陪伴孩子成长的父母角色。

孩子是一个独立的人，他不属于任何人，他属于整个世界。他不能依靠任何人，他只能依靠自己。他没有任何捷径可以走，也只能和我们一样一步一步、曲曲折折地走向成熟。

学龄前的孩子，自我意识不断发展，每天要应付那么多新鲜经历，发脾气是正常的情绪表达。当父母能够理性对待孩子发脾气，并引导孩子学会管理自己的愤怒情绪，孩子才不会乱发脾气。

# 30．孩子发脾气，父母到底该如何对待

在一次讲座中，有位妈妈在提问环节向我咨询："儿子今年5岁了，比较敏感，遇到事情的时候总喜欢哭闹。在如何对待孩子哭闹的问题上，我和老公产生了很大的分歧。老公希望采取冷处理的方式，来纠正孩子这个不好的习惯。我觉得应该接纳孩子，给孩子更多的安慰。不知道哪种做法对孩子的成长更有利。"

对于家长来说，孩子发脾气确实是一件令人头疼的事情。面对发脾气的孩子，父母很多时候都束手无策，甚至弄得自己一点脾气都没有。尤其是学龄前的孩子，自我意识不断发展，每天要应付那么多新鲜经历，发脾气也是正常的情绪表达。当父母能够理性对待孩子发脾气，并引导孩子学会管理自己的愤怒情绪，孩子才不会乱发脾气。

## 孩子发脾气，可分两大类

严格来说，发脾气是孩子愤怒情绪的一种表达。2岁左右的孩子，是最容易发脾气的，当不能满足生理需求时，情绪就容易爆发，比如饿了或困了的时候以及生病期间。不过，这种情绪爆发的时间一般很短，大多数时候维持在5分钟以内。随着年龄的增长，孩子的愤怒情绪持续的时间就会更长。引发愤怒情绪的主要原因可能是与权威的冲突，难以养成习惯和社会关系的困难，等等。

同时，发脾气也是孩子对父母要求的一种反应方式。国外有心理学家把孩子发脾气区分为两种类型：操作性发脾气和气质性发脾气。

操作性发脾气是指孩子通过发脾气来让父母给他们想要的东西。比如，到超市购物，自己想要的玩具没有得到满足，有些孩子就会倒地耍赖，希望得到这个玩具。

气质性发脾气是指孩子气质中的某方面受到侵犯，所以做出强烈的愤怒反应。比如，出去玩的时候，事先说好的行程安排突然改变，适应力差的孩子就可能会爆发；对某些面料敏感的孩子，就可能会因为穿衣服的事情爆发情绪。

其实，家长不要担心孩子是否会发脾气，而是关注孩子发脾气以后是否能够学会管理自己的情绪。更为关键的是，我们需要对孩子发脾气的情况进行归因，针对不同类型的发脾气，采取不同的处理方式。

## 对待操作性发脾气，父母要学会坚定地拒绝

这种类型的发脾气，孩子大多都有明显的意图和目的，如果得不到自己想要的东西，他们就会采用发脾气的方式来逼迫父母满足自己的要

求。表面上是在哭闹，实质上是在威胁。

遇到这种类型的发脾气，如果父母一味地迁就孩子，无止境地满足孩子，就会让孩子意识到只有通过发脾气才能得到自己想要的东西。久而久之，除了发脾气，孩子就无法学会通过其他方式合理表达自己的需求，更不能让孩子学会克制自己的欲望和要求。

曾在一本书里看到这样一个属于操作性发脾气的典型案例：大卖场里，一个7岁的男孩想买某样玩具，却因爸妈阻止，要求到别的店去比较价钱而当场发飙。当爸爸贴近那孩子，想好言相劝时，却被他扇了一巴掌。这位爸爸怕他再来一掌，抓住儿子的手，肚子又被踢了一下。

旁人开始围观，议论纷纷。受过高等教育的爸妈和颜悦色地将儿子半拉半抱入车。回家后，续集怎么演呢？

妈妈赶紧拿毛巾来，帮儿子擦掉一脸眼泪鼻涕，轻声告诉他："别生气了，又不是不买。"爸爸则一面拿出刚买的蛋糕切给儿子吃，一面说："货比三家不吃亏，这功课一定要学的，钱不容易赚呀！你自己仔细想想。"

那天，这对父母一直耐心陪着，等到孩子气消，恢复正常。而对儿子打爸爸的事件，他们都闭口不再提起。

这位爸爸相信，孩子自己就有能力选择对的行为，发挥原本就潜藏着的优秀品格，父母，只需要在旁边用爱心和耐心等候，当孩子脾气过后，让他自己反省出其中对错，得到正确行为的结论，那才是真正独立。

这样极端的情况，也许并不多见。但如此耍赖的场景，这样耐心的父母，在我们的日常生活中并不鲜见。尤其是那些盲目推崇"爱与自由"、极力反对约束和管教的家长，无论孩子因为什么发脾气，他们永远都是毫无节制地满足孩子的一切要求，耐心细致地给孩子讲道理。即使孩子出现一些很不礼貌的举动，甚至是触碰底线的行为，家长都会无限制地容忍，更不会严厉地制止。

事实上，对待这种类型的发脾气，父母最好的做法就是坚定地拒绝孩子的不合理要求。同时，我们也要想办法转移孩子的注意力，把孩子的兴趣和关注点转移到父母可以接受的事情上，让孩子不再纠结于自己想要得到而父母不允许的东西。

有些孩子在发脾气的时候，令父母很难对付，大有不达目的誓不罢休的决心。遇到这种情况，我们可以采取冷处理的方式，先让孩子冷静。对于自控力不强的孩子来说，很多时候会出于冲动的心理强烈要求父母满足自己的一些要求。一旦过了那个兴奋劲儿，他们很快就会淡忘最初的念头。

## 对待气质性发脾气，父母要学会温柔地接纳

这种类型的发脾气，主要是孩子自身气质方面受到侵犯后引发的强烈反应，很多时候并没有明显的目的和企图。他们发脾气就是在表达自己内心的不满和不安。这种情况下的哭闹，与其说是愤怒的情绪，倒不如说是难过的心情。

伊伊是一个比较敏感、秩序感比较强的女孩，所以她对属于自己的东西，无论大小，总是喜欢自己整理和保管，不希望别人随便处置。曾经一段时间，外公打扫卫生的时候，为了让家里显得更整洁，经常会不经伊伊同意就把她的玩具收起来，把她的绘本按照大人的意愿重新摆放，甚至把她做的手工扔到垃圾桶。

有一次，伊伊花了半天工夫从外面捡了一大袋干树叶回来，告诉我

是以后画画可以用的东西。这些在大人眼里一文不值的东西，在她眼里却是价值连城的"珍宝"。因此，为了防止外公随手扔掉，伊伊专门把这个袋子放到平时用来存放她的画作的抽屉里面。外公当时不在家，她就没有叮嘱老人家不要乱扔这袋树叶。

过了几天，外公在整理家里的抽屉时，无意中看到了这袋树叶。在老人家眼里毫无价值的这些东西，就被当作垃圾扔到了楼下的垃圾桶。第二天正好是周末，伊伊开始画画的时候就想起了那个袋子，当她打开抽屉才发现自己心爱的宝贝不见了。她意识到肯定又是外公处理了，马上就去质问外公那个袋子到哪儿去了。

当老人家如实告诉她已经扔掉了，她立马一边跺脚一边大哭。外公实在不理解这么个破玩意儿，怎么就把她惹得如此这般地大哭大闹了。于是，他就大声对伊伊说："你这个娃娃，怎么这个样子。这些树叶有什么用啊！别哭了。"这样指责式的安慰不但于事无补，还会火上浇油。伊伊赶紧哭闹着跑过来找我投诉。

目睹了整个过程的我，二话没说，一把将她搂在怀里，并安慰道："你的宝贝不见了，一定很伤心的。如果爸爸最心爱的东西被人扔掉了同样也会很难过的。"伊伊抽泣着点点头。

"宝贝别哭了，我等会儿就陪你去外面再捡一袋回来。这次我们可以捡更多树叶，爸爸帮你挑最好的，好不好？"我一边抚摸她的头发，一边安抚她的情绪。

过了一会儿，伊伊逐渐停止了哭闹。尚未等到脸上残留的泪痕消失，她就催我赶紧陪她去捡树叶。刚走出家门，她又笑逐颜开，蹦蹦跳跳地拉住我的手去寻找自己的"宝藏"。

遇到这种类型的发脾气，父母就要学会温柔地接纳孩子的这种愤怒情绪，最好的做法就是先给哭闹的孩子一个大大的拥抱，让孩子感受到父母对自己的关爱。同时，我们需要耐心引导，帮助孩子说出自己的感受。但最好是能提前预估到孩子的情绪，通过提前沟通，可以舒缓或释放孩子的情绪，甚至可以避免孩子的无理取闹。

## 大人是"榜样"，孩子会"学样"

此外，家长也需要反省自己的行为，是否经常对别人乱发脾气。孩子的很多行为习惯，无论好坏，都可以在家长身上看到影子。一个乱发脾气的孩子，家中一般都能找到一个"榜样"。当然，孩子学习的"榜样"不一定是父母，也有可能是长期跟孩子生活的祖辈或者照顾孩子的保姆。

作为家庭成员，无论是谁，都要在家里以身作则，不要动不动就乱发一通脾气。我们不乱发脾气，虽然不能确保孩子就一定不会这样做，但只要我们用自己的态度和行动坚定地给孩子做好榜样，学会克制自己和调节情绪，孩子的问题起码不会变得更糟。

同时，很多在成人看来司空见惯的行为，可能在孩子眼里都会变得不可思议。伊伊外公嗓门比较大，无论对大人还是孩子，情绪稍微不好的时候，他说话的音量又会提高很多。大多数时候，我们都不会认为是老人家发脾气的表现，然而，伊伊却经常误以为是外公在发脾气。

她上一年级下学期的一天，我们吃晚饭时正好在讨论有个邻居的脾气不好，总是喜欢对人大声吼叫。伊伊听到后，用非常淘气的口吻对老人家说："外公，以后你可不可以不要对我发脾气啊！你老是喜欢骂我。"

外公听了并未生气，而是笑着问她："我什么时候骂过你啊？"

"你经常骂人的啊！除了爸爸没有被你骂过，我们都被骂过的啊！"见外公没有招认，伊伊步步紧逼。

这个时候，我们开始出面救火，告诉伊伊那不是外公在骂你，而是因为外公的声音比较大。同时还告诉她，每个人说话的声音都不一样，比如外婆和爸爸说话比较温柔，外公和妈妈的嗓门比较大一些。经过一番圆场，伊伊才不再声讨老人家。

虽然我们帮外公成功解围，但是伊伊的这番话其实也在提醒每一个成年人的一言一行。对于发脾气之类的不良行为和习惯，孩子"学样"很快，所以大人需要尽可能在孩子面前做个好榜样。

当我们认识到惩罚的目的就是让孩子体验做错事情的后果，让孩子自我意识到行为需要改进，而不是仅仅因为恐惧而不敢再犯错，这个时候，我们就能明白到底该不该惩罚，究竟该怎么惩罚。

# 31. 智慧的惩罚，让孩子体验犯错的后果

很多家长都曾经问过我类似这样的问题："付老师，孩子犯了错，到底要不要惩罚呢？究竟该怎么惩罚孩子呀？"

现如今，不管是家庭还是学校，在"爱与自由"这面大旗之下，惩罚这个本来很中性的词似乎已经逐渐演变成一个不能随便说、更不敢轻易用的"恶魔"。在很多人眼里，惩罚几乎就等同于打骂和折磨。因为极力反对惩罚教育的这些人，大多数都是从小备受皮肉之痛、责骂之辱的一代。

## 惩罚不等于体罚，而是让孩子体验犯错的后果

对待惩罚这个问题，就在我们试图把它当脏水一把泼掉的时候，比东方社会更崇尚自由和个性的西方社会却早已开始了对自由教育的反

思。曾在网上看到一篇探讨家庭教育的文章，其中就介绍了国外对待体罚的一些变化。

1979年，瑞典成为全世界第一个出台禁止体罚孩子法律的国家，于是很多国家纷纷效仿。然而，30多年过去了，瑞典的教育却培养出很多"熊孩子"。对待体罚，全世界大致有三种态度：（1）出台禁止体罚的法令，如瑞典、挪威、芬兰、冰岛等；（2）先支持禁止后要求恢复，如日本、英国等；（3）自信地坚持着允许体罚的教育，如美国、澳大利亚、韩国等。

当然，我并不提倡对孩子进行粗暴的体罚，在自己教育孩子的过程中也从未使用过这种方式。但是，我们绝不能简单地把惩罚等同于体罚。真正的惩罚是让孩子进行自我反思，认识到错误，进而改进自己的行为。如果没有达到这个目的，实施的惩罚就没有任何意义。

17世纪捷克著名教育家夸美纽斯在他的《大教学论》中明确指出："我们可以从一个无可争辩的命题开始，就是犯了过错的人应该受到惩罚。他们之所以应受惩罚，不是由于他们犯了过错（因为做了的事情不能变成没有做），而是使他们日后不再犯。"

当我们认识到惩罚目的就是让孩子体验做错事情的后果，让孩子自我意识到行为需要改进，而不是仅仅因为恐惧而不敢再犯错，这个时候，我们就能明白到底该不该惩罚，究竟该怎么惩罚。

## 严厉惩罚，可能让孩子一错再错

严厉的惩罚是控制行为最常用、最简单的办法。我们很多人以为不"罚"不"止"，但是，在实际生活中过于严厉的惩罚大多数只能暂时抑制某个反应。比如一个小孩偷吃了一些零食，并为此受到惩罚，他在短时间内可能不会再偷吃。但是，由于偷吃零食的行为总能够被偷到的零食所强化，所以，他过一段时间还是有可能再次偷吃零食。这样的惩罚常常没有达到让孩子改正错误的目的。

于是家长的惩罚措施层层升级，从轻到重，甚至到暴力惩罚，还努力说服自己，如果现在不像这样"严加管教"，那么等孩子长大以后就更没有办法了。可是当家长打骂完之后，却发现严厉惩罚带来了我们不想见到的后果。

很多心理学家曾经做过研究，发现在家里经常受到家长严厉惩罚的孩子具有过度攻击以及反社会的行为。一个孩子被家长打过之后会感到很生气、产生挫折感并对人产生敌意，正好他看到其他比他小的孩子便去打他们。结果会怎样呢？由于他宣泄出了自己心中的怒气和挫折感，会感觉良好！这样攻击性行为就受到了强化，并且在今后遇到挫折时还会再次发生。

严厉惩罚的第二个副作用是通常会导致逃避反应，例如，你在路途中遇到某人，此公说起话来喋喋不休，旁若无人，令人生厌。开始时，你会尽量避免与他人交谈，以便能轻松一会儿，再后，你会想办法躲开他。这个就是为了延迟或消除不愉快状态而学习的某种回避反应。在孩子身上我们常常会看到，孩子为了避免受惩罚就会撒谎，也可能会离家出走。

严厉惩罚的第三个后果是孩子对惩罚自己的父母产生憎恨感。每次当家长问我该不该打孩子的时候，我会让他们回忆自己挨打的经历，绝大部分的家长对挨打记忆深刻，"我当时心里很恨我爸爸，觉得我不欠他了。""我想着我要不去死吧，让他们伤心去，哭死他们！""下次我还要干，但是我决不让他们抓到我。"当换位思考后，我想家长应该已经知道，打孩子，包括严厉地惩罚孩子，往往带来的是种种负面情绪。

严厉惩罚看起来效果并不好，但是家长为何还是要对孩子进行惩罚呢？家长的回答往往是："如果不管，他们不是要上天。""如果不管，他们不是不知道自己错在什么地方吗？"

## 自然惩罚，可以让孩子避免再错

英国教育家赫伯特·斯宾塞在《斯宾塞的快乐教育》一书中曾说，在培养孩子道德品质的过程中，父母应该更多地采用自然教育法，少用人为惩罚。那到底什么是自然惩罚和人为惩罚呢？

他认为，当孩子认识到自己错误的行为所产生的自然后果后，吸取这方面的经验，以后不再犯，就是自然惩罚。人为惩罚是指，父母明确地指出孩子的错误行为，并对他进行严厉惩罚。他还提出，体罚是一种极端的人为惩罚方式，父母要慎用，这绝对不是主要的教育手段，而且也不能单靠这个方法把孩子培养成才。

美国著名的教育家马文·科林斯也有非常有趣的帮助孩子改正错误的方法，值得家长和老师借鉴。科林斯是美国中学校长，曾连续被两任总统邀请担任美国教育部部长一职，她让众多被打上"不可教"标签的孩子走上了新的人生道路。

在科林斯的学校，孩子们不守规矩时，他们受到的惩罚是写100个原因，说明为什么他们"棒"到要做那样的事情，而且他们要按照字母的顺序来写，如果他们再犯错误，同样还是要写100个原因，但是不能重复以前写过的单词。

类似这样的惩罚方式，不仅可以避免让孩子再犯同样的错误，而且还有可能挽救很多所谓的"熊孩子"。如果惩罚得很有智慧，还可能因此成就孩子的人生。在《有纪律的孩子更优秀》一书中，作者举了这样一个自然惩罚的案例：

著名解剖生理学家、诺贝尔生理学医学奖得主约翰·麦克劳德在上小学的时候，非常顽皮。有一天，他突发奇想，想看看狗的内脏是什么样的，于是他和几个小伙伴偷了一条狗杀了。

谁知这条狗是校长韦尔登家的宠物。校长知道自己心爱的狗被麦克劳德杀了以后，非常生气，但他还是强忍怒火，问麦克劳德："你为什么要杀这条狗？"

麦克劳德回答说："我只是想看看狗的内脏以及它为什么会跑。"

校长恍然大悟，原来是好奇心驱使这个小男孩杀了这条狗。

他接着问道："那你看到了什么？"

麦克劳德回答说："它肚子里有肝、有肺、有心、有胃、有肠，腿里面有关节、有肌肉、有筋。它就是靠筋来拉动关节动起来的。"

校长听他说得头头是道，但还是决定要惩罚这个小男孩。他的惩罚方法别出心裁，罚麦克劳德画一张骨骼结构图和一张血液循环图。

麦克劳德自知罪责难逃，便认真地画好了两幅图，交给校长。校长看后非常满意，认为画得很好，决定不再追究这件事。

事后，麦克劳德被校长的宽容所打动，发奋研究解剖学，终于成为一名著名的解剖生理学家，并获得诺贝尔奖的殊荣。

麦克劳德每每谈起自己成功的原因时，总是对校长的这次惩罚念念不忘。他表示，就是校长这次特殊的惩罚方式，让自己对医学产生了浓厚的兴趣。本以为校长会把自己开除或者采用粗暴的惩罚手段，可是没有，他给学生留有改正错误的空间。

韦尔登校长这种智慧的惩罚，不仅保护了麦克劳德的好奇心，而且培养了他将来从事科学研究的一个重要品质——不怕犯错、善于改错。

## 智慧的惩罚，需要把握好六大原则

当孩子犯错后，我们在进行智慧的惩罚时，还需要注意把握好以下几个原则：

（1）要提前沟通。为了让一项惩罚更有效，我们要在一开始就把后果讲清楚。惩罚的措施和后果，本身就具有一定的预防作用，可以起到威胁的效果。如果父母提前跟孩子进行充分沟通，孩子自然也就明白哪些事情不能做、做了会有什么处罚等，无形中会增加一道心理防线，抵御犯错的冲动。

（2）要立即执行。对于惩罚而言，立即执行是确保惩罚有效的关键。一般来说，如果孩子一旦犯错后立刻就能体验到犯错的后果，那么他对这件事的记忆就会更加深刻，不容易出现我们常常说的"好了伤疤忘了痛"的情况。

（3）要守住底线。每一个家庭，在教育孩子时，都应该有最基本的原则和明确的底线，尤其是对于做人方面的要求。我们一定要对原则和底线心中有数，每当孩子的行为触及原则和底线时，都要进行相应的惩罚。

（4）要保持一致。面对同样的错误或者问题，不可今天惩罚，明天就不罚。给孩子定规矩和提要求时，父母也要保持一致，惩罚要有同样的原因和使用同样的方式。

（5）要以善意和尊重的态度进行惩罚。有的家长在惩罚孩子时，常常用讽刺、挖苦的方式，甚至当着众人的面一顿奚落。这样的态度和方式不可取。孩子宝贵的自尊心需要呵护，即使是在犯错误的时候，家长也要注重方式、分清场合。

（6）惩罚时就事论事，不带入自己的情绪。很多时候，孩子最初的行为并没有那么糟糕，却因为我们在惩罚时加入了自己的情绪，才让问题变得更加复杂，最后弄得不可收拾。

无论如何，在惩罚孩子之前，父母应该先处理心情，再处理事情。冷静思考是不是可以用其他更好的方式代替打骂，即便你觉得非打骂不可，那么也是在你经过了思考，在情绪稳定的情况下实施的。这个时候的打也好、骂也好，没有丝毫发泄的成分，只是一种惩罚措施，你不会伤害孩子的人格，更不会导致让你后悔终生的事情发生。但我还是强烈建议，父母不要随便打骂孩子，打骂真的只能说明父母欠缺教育的智慧。

**教养贴士**

　　教育孩子，应尽可能趋近真实，培养孩子的健全人格，用谎言"倒逼"出来的"听话"会隐藏一定的风险。经常使用谎言进行教育，还可能会培养孩子说谎的习惯。

# 32．别用"善意"的谎言，培养"听话"的孩子

　　2013年，我在媒体上看到这样一则报道，沈阳的一位母亲因担心女儿被宠坏，从小对她说："我不是你亲妈！"当女儿得知这个"真相"后，就像变了一个人，刻苦学习、吃苦耐劳，学习成绩突飞猛进。可女儿长大后却怎么也不相信这是一个谎言。

　　虽然为人父母们都希望自己的孩子长大以后做一个诚实的人，然而，几乎每一个人在成长历程中都会经历父母的谎言"喂养"。从小，当我们问起妈妈"自己是从哪里来的"这个全球性难题时，大多数人都会被自己的父母精心编织的谎言搪塞。

## 我们究竟被哪些谎言"喂养"过

　　如果仔细盘点一下，就会发现我们一直被大人用各种谎言"喂养"

长大，当我们做了父母，自然就会传承这些谎言。于是，一代又一代人就这样习以为常，对这些谎言不再存有一丝羞愧。我们究竟被哪些谎言"喂养"过呢？

（1）"吊诡"型谎言。

我们为了阻止孩子做一些危险的事情，但又想不到好办法时，就会想出一些吊诡的事情来欺骗或者吓唬孩子，这类谎言随之就会粉墨登场。比如，"玩火就会尿床"，"吃了西瓜籽，肚子里就会长西瓜"，"在屋里打伞长不高"，等等。

（2）"恐吓"型谎言。

当我们面对调皮的孩子又束手无策时，就会编造一些不可能发生的事情来管教孩子，试图借助外界的力量来降伏那个无法无天的"捣蛋鬼"。比如，"你再不听话，爸爸妈妈就不要你了"，"你再哭，警察叔叔就会来抓你了"，等等。

（3）"搪塞"型谎言。

如果我们被孩子问到一些难以直接面对或者难以启齿的话题时，就会罔顾科学知识，而通过自己的胡编乱造来搪塞孩子。比如，当被问到"我是哪里来的"时，就会有"你是妈妈捡来的"，"你是从石头缝里钻出来的"等离奇的回答。

（4）"惩罚"型谎言。

当我们需要让孩子体验做错事情的后果，或者预防孩子做出一些不符合大人要求的事情时，我们就会拿一些永远不可能实施的谎言来给孩子设定"惩罚"措施。比如，当孩子在外面"惹是生非"了，大人最喜欢说的一句话就是"以后我再也不带你出来玩了"，等等。

## 用谎言"倒逼"出来的"听话"，隐藏一定风险

我们之所以对这些谎言乐此不疲，最为关键的一点就是希望借助这些莫须有的谎言来培养一个"听话"的孩子。前面提到的这个案例中的那位母亲的心态，就是很典型的表现，希望通过谎言来改变孩子的行为，从而让孩子变得更"听话"。

然而，用谎言"倒逼"出来的"听话"则会隐藏一定的风险。为了契合孩子的年龄、心理特征和接受程度，我们就会不顾真相，捏造或者歪曲事实，而等到孩子接触到事实真相的那一刻，不仅会导致我们精心编织的谎言被轻易戳穿，还会导致孩子既有的认知和思维出现混乱、形成的价值观受到破坏，甚至还会影响父母在孩子心目中的形象和权威。假若如此，我们的谎言教育就会得不偿失。虽然谎言在短期内能够立即见效，但对孩子身心发展的长远影响却是无法估量的。

曾在《北京青年报》上看到这样一个案例。有一个哥哥在他们家排行老大，下面有两个妹妹。上学的时候，他们家里非常贫穷，而他学习成绩好，又上进，一门心思想上好的学校。

就这样，等到他考上本市最好的高中时，他问爸爸："我能去上吗？"学费高、伙食费高，家里都快没米下锅了，但是老两口还是一咬牙一跺脚，骗他说："没问题，你去吧。家里连供你上学都供不起吗？"他信以为真，于是怀揣着父亲给的钱上路了。但是他却不知道，那年他的两个妹妹的学费都是借好几家人的钱才凑上的——老两口下了封口令，谁也不能把家里的情况告诉他。

他成绩很好，高中三年后又考上了大学。他喜滋滋地带着录取通知书回家，全家一片欢腾。又是一个谎言开始了："没问题，爸爸肯定能供

你上。现在我是赚了钱了，不像从前了。"

于是他又相信了，扎扎实实地打点了行装，带着一笔不菲的钱财走上了他的大学之路。而那些年，他的爸爸妈妈和两个妹妹就这样东家借一点、西家借一点地过着日子。接着，大妹妹退学了，二妹妹上了一个中等的中学，幸好也考上了一个不错的大学，但是，生活费却都是她自己出去当家教挣的。

很多年之后，一个偶然的机会，他突然知道了真相。那一刹那，他简直痛不欲生。他像发疯一样，不知道该怎样面对自己的家人。父母依然如从前一样，继续他们的谎言，两个妹妹也懂事地从来不说什么。但是，只有他自己不知道该怎么揭穿，更不知道该怎样弥补。

谎言就像养在他心中的一条毒蛇一样，时时啃噬着他的内心。看着如今疲惫地工作和生活的妹妹们，他觉得自己亏欠她们太多。他变得忧郁而沉重。家，成为他背上最甜蜜又最酸楚的沉重负担。

多年以后，他在教育自己孩子的时候，绝对不说一句谎话。无论是大事情还是小事情，他都如实地跟儿子陈述，让儿子自己去做出选择。因为他懂得在这个世界上，没有什么比家人更重要，没有什么比健全的人格和丰富的情感对一个人的成长更重要。

## "美丽的谎言"，只能偶尔用

也许家长会说，要做到一辈子都不对孩子说谎不太现实。确实，成人社会同样流行"美丽的谎言"，面对活蹦乱跳的孩子，有时候也得借助一些"美丽的谎言"。如果我们的出发点是为了保护孩子，而非让孩子变得更"听话"，偶尔使用"美丽的谎言"也无可厚非。

比如，面对孩子"世界上是否真的有圣诞老人"这样的难题时，为了呵护孩子的童心，我们就需要尽可能推迟告诉孩子真相。因为圣诞老人的秘密多保留一天，在孩子的心中就会多一份期许。对于孩子来说，多一份期盼就是多一分希望，多一份梦想，更多一分童真。

## 当孩子遭遇别人的谎言，父母要学会"暗度陈仓"

如今，隔代教养较为普遍。在每一个隔代教养的家庭中，年轻父母几乎都会为老人的教养观念和方式与自己不同而发愁，偶尔两代人之间还会为孩子的事"大动干戈"。在面对家里老人或者身边的成人用谎言"喂养"自己的孩子时，我们需要采取一些方法尽可能减少这些谎言对孩子带来的负面影响。

曾经有位读者向我诉说了她在家遭遇的苦闷。她首先肯定了婆婆对孩子的精心照顾，但她接着提到，自己的公公婆婆总是喜欢在孩子不乖的时候这样吓唬孩子："再不听话，等会儿派出所就会来把你抓走！"

这位妈妈告诉我，老人长期这样说的后果是，孩子睡到半夜总是惊醒，甚至坐起来无缘无故地大哭。她怀疑正是因为老人的恐吓导致了孩子半夜惊恐。我首先告诉她这个因果关系不一定成立，但老人的这种做法肯定对孩子的成长不利。如此恐吓式的谎言教育，其实有很多老人一直在沿用。

当她让我帮忙支着儿时，我就给她出了一个"暗度陈仓"的主意。以后，当她听到老人再次跟孩子这么说话时，应该尽可能在第一时间背着老人对孩子说："刚才爷爷奶奶说错了，派出所不会随便抓人的，他们只会抓坏人，不会抓小孩。宝贝不要怕啊！"

这样做，既可以避免跟公公婆婆发生冲突，又能够把老人对孩子的负面影响降到最低。当然这样做需要有一个前提，那就是父母跟孩子的亲子关系非常好，对孩子有一定的影响力，否则孩子还是会认为老人说得是对的，也就无法消除老人对孩子带来的不利影响。

## 教育孩子，应尽可能趋近真实

该不该教育孩子不要说谎，这本不应该成为一个问题。但身处如今这样一个说真话很难的成人世界，却让很多家长犯了难。如果鼓励孩子说谎，担心孩子长大后容易变坏；如果教育孩子不要说谎，又担心孩子步入社会后吃亏。

（1）经常使用谎言进行教育，可能会培养孩子说谎的习惯。

不管怎样，唯一可以肯定的是，在教育孩子的手段上，应尽可能趋近真诚和诚实。因为经常使用谎言进行教育，也可能会培养孩子说谎的习惯。《夏山学校》这本书中的一段话就是对我们很好的警醒："假如你的孩子说谎，他不是怕你，就是在模仿你。撒谎的父母必定有撒谎的子女，如果你要孩子说实话，就不要对他们说谎。这不是道德问题，因为我们随时随地都在说谎。有时我们因为不想伤害别人而说谎；有时假如人家说我们自私、虚伪，我们当然不愿意承认。"

（2）培养孩子健全的人格是家长的重要职责。

我一直认为，培养孩子健全的人格是家长的重要职责。要培养健全的人格，首先就要教孩子做一个诚实守信、真诚待人的公民。唯有诚实，才不会故意欺骗别人，才不会总是谎话连篇，才能赢得别人的信任和尊重。

至于说等孩子长大后，为了谋生可能在有些时候不得不欺三瞒四，为了不伤害别人有时只能说一些善意的谎言，我相信，一个人格健全的成人一定能够独立分辨和判断到底要不要说谎。

教养贴士

　　父母要多花时间在孩子身上，而不是多花金钱在孩子身上。父母的用心陪伴，才是送给孩子最好的礼物。只有通过高质量的陪伴，投入大量时间与孩子培养亲情，父母才能与孩子建立稳固的情感联结。

## 33. 用心陪伴在身边，与孩子建立情感联结

　　每逢重大节日和孩子生日等，很多家长就会为究竟该给自己的孩子买什么样的礼物而纠结。从书籍、玩具、衣服等传统礼物，到iPhone、iPad等高档电子产品，往往是很多家长的首选。

　　一个有意思的现象是，为孩子庆祝节日或生日，家长准备的大多是物质礼物。而孩子们虽然期待物质礼物，但更期待家长能抽出时间陪伴自己。曾在媒体上看到这样一则报道，上海卢湾一中心小学少先队曾开展了"我的六一心愿"的征集活动，令老师们感到惊讶的是"六一心愿"中最多的竟然都是和父母有关的，而近七成孩子希望得到父母更多的陪伴，哪怕是陪着看电视，吃一顿晚饭也好。

　　而上述报道中还提到，孩子们的"六一心愿"反映出，很多成人看来很小的事情，在孩子眼中却十分重要。比如，"我希望吃一顿全家餐，

因为我的爸爸经常在外面有应酬，有很久没回家吃饭了"；"希望爸爸能回上海工作，不再去外地，我很羡慕其他同学的爸爸都在身边，我的爸爸在新加坡，一个月才回来一次，我很想他。"……从这些心愿中，我们强烈感受到孩子对亲情的期待远远超过对物质的渴望。

## 父母要多花时间在孩子身上，而不是多花金钱在孩子身上

从这个角度来看，父母的用心陪伴，才是送给孩子最好的礼物。只有通过高质量的陪伴，投入大量时间与孩子培养亲情，父母才能与孩子建立稳固的情感联结。

教育的前提就是孩子和父母形成亲密的互动关系和安全的依恋关系，彼此信任、坦诚沟通。只有在这样的情况下，父母对孩子的教育才能事半功倍。同时，这对提升父母的影响力、培养孩子的自控力也是至关重要的。

正如美国作家劳拉·马卡姆博士在《父母平和，孩子快乐》一书中所说："当孩子认为我们与他们达成统一战线时，他们就会更容易，甚至充满热情地配合我们。如果他们骨子里没有这种深刻认识，他们就会认为，我们的行为标准不公平，与他们心中的最佳利益相矛盾。如果亲子关系遭到破坏，任何育儿技巧都无法弥补。此时，育儿过程就像骑着自行车攀爬较为陡峭的山坡。相反，如果亲子关系很好，就像一路下坡。"

她还写道："密切的亲子关系还能让孩子以更加开放的心态接受我们的影响，即使他们以后融入更加广阔的世界，交友，上学，乃至整个人生，都能受到我们的积极影响。无数研究表明，密切的亲子关系能够为青少年提供最大程度的保护，让他们远离社会和同伴的不利影响。"

而要做到这些，没有任何捷径可走，绝不是仅靠金钱就能解决的，更多需要靠时间。其实，孩子最在乎的不是我们在他身上花了多少金钱，而是在他身上花了多少时间。对于亲子关系来说，没有一定的数量——陪伴时间，就谈不上较高的质量——用心陪伴。

当然，很多父母其实也明白，经常陪孩子一起玩，对于增进亲子关系、与孩子建立情感纽带是非常重要的，但关键的问题是，孩子们喜欢玩的东西，很多成年人并不感兴趣，因此，很多时候陪孩子玩只是敷衍了事而已。

我们常常看到的画面是，当孩子积极投入游戏中的时候，父母只是随意做做表面文章，甚至还常常故意输掉游戏。父母刚玩几分钟就开始东张西望，若有所思，孩子往往不停地叫着爸爸、妈妈，希望唤回神游的父母。如果这样陪孩子玩，可能持续不了多长时间，孩子和父母都会感到索然无味而草草收场。这样的陪伴，也完全达不到亲子互动的目的。

那么，我们究竟如何陪孩子玩，才能既让孩子收获快乐，又让亲子互动的效果最佳呢？

第一，转变心态，从陪孩子玩转变为和孩子一起玩。

父母更加投入地陪孩子一起玩，首先就得把自己的心态进行转变，从陪孩子玩，转变为和孩子一起玩。当我们感觉自己是跟孩子一起玩的时候，就不会把陪伴孩子当作一种任务，更不会随便应付孩子。同时，我们也会从中享受到早已久远的童年欢笑，重新唤回那颗尘封已久的童心，不断找回曾经熟悉的童年记忆。

每次和伊伊一起玩，我都彻底进入玩耍和游戏的状态。不管是什么游戏，我们常常都玩得兴高采烈、大汗淋漓。我每次都不禁感叹，和孩子一起玩这么有意思，怎么还会有家长觉得是一种负担。

第二，投入状态，从敷衍了事转变为全力以赴。

孩子的眼睛是雪亮的，我们的一举一动，他们都会尽收眼底。很多父母跟孩子一起玩的时候，常常心不在焉、左顾右盼，让孩子感觉是在应付差事，而不是真心实意地陪伴。无论多么简单的亲子活动或者游戏，只要我们全身心投入，孩子就一定能感受到。关键是我们的心与孩子的心，每时每刻都要在一起。

第三，回归童心，从成年人转变为大孩子。

当跟孩子一起玩的时候，我们需要始终把自己当作一个"大孩子"，放低成人的身段，放下家长的权威，退回到曾经的童年时代，与孩子一起嬉笑怒骂。我们要以朋友的身份、平等的态度和孩子一起玩，不要居高临下地随便指责孩子。如果父母经常不耐烦地对孩子责骂说"你真笨"，"怎么老是教不会"，孩子以后也许就再也不愿和我们玩游戏了。

如果在孩子看来，我们就是一个喜怒形于色的"大男孩"或"大女孩"，他们在玩的过程中就会更加放松，也会更加愉悦。如果有人要问伊伊在我们家里最喜欢的人是谁，伊伊的回答一定快速而坚定："爸爸！因为爸爸最喜欢陪我玩。"确实，我是平时和她玩得最开心的家庭成员。孩子的心是最容易俘获的，关键就是我们自己要永葆一颗童心。

第四，不断成长，从黔驴技穷转变为陪玩高手。

很多时候，父母之所以不愿意陪孩子玩，并不是不愿对孩子用心，其实是因为他们根本就不知道如何陪孩子玩。当父母被孩子逼得黔驴技穷时，在他们眼里，孩子就会在转瞬之间从人见人爱的"天使"变成调皮捣蛋的"魔鬼"。

要跟孩子一起玩得开心，我们是需要掌握一定技巧，需要学会很多方法的。如果父母的兴趣爱好不广，那就尽量多培养一些兴趣特长；如果父母的游戏方式单一，那就尽可能学习更多的游戏；如果父母的耐心不够，那就努力克制自己的急躁情绪；如果父母的激情缺乏，那就尽情享受亲子之悦。

其实，陪孩子玩也是一门学问，在选择和开展游戏时，我们需要根据孩子自身发展的特点和规律，选择适合于孩子所处年龄段的游戏。假如孩子总是粗心，父母可以和孩子玩"找不同"；如果孩子坐不住，父母可以和孩子玩拼图；对处处以自我为中心的孩子，可以跟孩子玩角色扮演游戏，比如在看病游戏中当医生，让他学会照顾别人。

瑞士著名的儿童发展心理学家皮亚杰通过多年的观察发现，儿童的游戏要经历三个阶段：

（1）练习性游戏。在孩子出生后的两年内出现，这类游戏的主要特点是对各种动作的重复再现。比如，孩子一次次地把刚垒高的积木推倒重来，一遍遍地拉着小车来回走，乐此不疲。爸爸妈妈要了解的是，对2岁左右的孩子来说，任何一种活动、任何一样玩具或材料，只要他还在不厌其烦地重复进行和反复摆弄，就意味着对他来说还有挑战性。

（2）象征性游戏，即模仿游戏。出现在幼儿园时期或者说学前阶段，所获得的最主要的认知发展能力就是学会使用不同的象征。儿童常常模仿成人的活动，如"过家家"、"小医院"、"商店购物"等，装扮成想象中的角色。爸爸妈妈要了解的是，儿童游戏在象征性阶段正是想象力发展、社会性发展和语言能力发展的重要阶段，是将教育要求内化为孩子"玩耍"需要的最好契机。

（3）规则性游戏。从孩子六七岁开始出现，代表规则意识的萌芽。爸爸妈妈要了解的是，随着孩子年龄的增长，孩子已经会选择玩伴，变化玩的方式（选择玩的时间，改变玩的空间和环境，约定协商玩的方法等），他们不再局限于那些固有的游戏，而更喜欢创造新的游戏，拓展游戏的空间。

第五，改变观念，从把玩耍看作浪费时间转变为视玩耍为学习成长。

对于大一点的孩子来说，很多父母往往就把孩子的任务局限于学习知识和复习功课，把孩子玩耍看作浪费时间的事情。殊不知，玩耍也是一种学习，更是一种成长。

日本心理学家河合隼雄认为，玩也是成长，并提出："孩子们总是在大人看不见的地方以孩子的方式干着坏事成长的。"他本人还为此给自己的孩子们立下规矩：只能星期六在家看书，其余时间必须出去尽兴玩耍。令人惊诧的是，他的六个孩子虽然都是在玩耍中成长起来的，但他们长大后都事业有成。他们用铁一般的事实证明，玩也是学习。这一点，恰恰正是当下中国的父母和孩子所忽略的。

其实，玩和学并非彼此对立，而是相辅相成。很多时候的玩耍其实就是学习，相应地，很多东西的学习也是可以变得好玩的。很多父母总认为，学习就该是正襟危坐的样子。对幼儿的教育更应该从玩耍和游戏开始，孩子在学龄前所学的，绝大部分都是可以在玩耍和游戏中学到的。玩中学，看似在玩，实则在学。

父亲是情绪安全性和其他社会能力的促进者。有心理学研究表明，对父亲形成安全依恋的儿童，表现出较好的情绪自我调节能力、较强的同伴交往能力，问题行为较少，在儿童期和青少年时期的违法行为也较少。

# 34. 做个好爸爸，提升影响力

父亲和母亲对孩子的影响都很重要，在孩子成长过程中起的作用也是不同的，两者不可偏废。父亲在孩子的自尊、自信、身份感及性格形成的过程中，扮演着重要角色。

更为重要的是，父亲是情绪安全性和其他社会能力的促进者。有心理学研究表明，对父亲形成安全依恋的儿童，表现出较好的情绪自我调节能力、较强的同伴交往能力，问题行为较少，在儿童期和青少年时期的违法行为也较少。

如果父亲对养育孩子持积极态度，花较多时间跟孩子在一起，而且又是一个敏感的养育者，那么他们的孩子就会在7～12个月时形成对父亲的安全依恋。

## 好父亲，让孩子一生受益

英国著名教育家斯宾塞曾在他的《斯宾塞的快乐教育》一书中这样写道："父亲在身体、气质和思维上的特点，很容易被孩子当作心中的偶像。孩子也总从父亲身上获得面对外部世界的信心。父亲，是孩子通往外部世界的引路人，好的不好的都影响巨大。"

英国牛津大学子女教育研究所的一项相关研究显示，父亲积极参与子女教育会使孩子的成绩大大提高。该研究所曾以出生于1958年的17000名儿童为研究对象，对他们40年间的成长过程进行跟踪调查，结果表明父亲积极参与子女教育与日后子女的学业成绩有"很高的相关性"。此外调查研究还显示，能积极参与到子女教育过程中的父亲，他们的子女不仅在校时的成绩非常优秀，而且在社会生活和婚姻生活上也很成功。

如果父亲在家庭教育中长期缺位，最终会导致父亲母性化、母亲父性化的结果。日本心理学家河合隼雄认为，父亲在家庭教育中的作用是"断绝"与"分割"，而母亲在家庭教育中的作用则是"包容"与"守护"。

如果孩子做了违背社会准则或家规的事，当父亲的往往会毫不留情地训斥孩子，甚至采取一些强制手段对待孩子，而当母亲的大都会疼爱、包庇或袒护孩子。但在当下，由于父亲在家庭教育中的缺位，最终导致了父亲和母亲角色的颠倒，父亲在家里对孩子很温柔，各方面都迁就孩子，而妈妈反倒变成父亲那个角色，对孩子提出很多要求。这种父亲母性化、母亲父性化的现象并不正常，最终还会影响孩子对男女性别特征认识上的混乱，从而影响孩子的一生。

## 好父亲要承担七大角色

在我看来，父亲应在育儿中承担七大角色：（1）成熟男人，向孩子传递健康的男性形象；（2）运动教练，关注孩子的身体发育和健康；（3）生活"保姆"，分担家务，照顾孩子生活；（4）最佳玩伴，陪伴孩子玩耍和游戏；（5）学习伙伴，陪同孩子阅读、探索世界；（6）人生导师，培养孩子的健康人格和正确的价值观；（7）模范丈夫，爱妻子，有修养，敢担当。

除了在家多陪孩子以外，作为父亲，还要经常带孩子到户外活动。在户外活动中，父亲比母亲的优势更大，也能承担更多的责任。如何陪孩子参加户外活动，父亲们可以从这几个方面入手：经常带孩子一起散步；经常带孩子与玩伴在户外玩耍；周末和节假日，带孩子到公园、植物园、动物园玩耍；每年安排几次以自然景区为主的旅行；根据季节的不同，带孩子采花、捉虫、种树等。

同时，父亲还需要多参加学校组织的亲子活动和家长会。很多学校都会利用一些重大节日举行亲子活动，或者组织春游和秋游等旅游活动，一般都会邀请父母参加。但大多数时候，都是妈妈去参加。而这些活动是很好的亲子交流机会，既可以增进亲子之情，也可以提升孩子的自信。

父亲与孩子相处时，心态也很重要。很多人认为，要成为孩子的权威，就需要成天板着脸孔、不苟言笑，这样才能震住家里的"小霸王"。其实这是一种误解，父亲尊重孩子、平等对待孩子、与孩子成为朋友，并不意味着就会丧失权威，只要我们把握好度。当孩子需要管教的时候，我们就需要成为权威，通过我们的一言一行，让孩子感受到父亲在他心中的分量。当然，做到这些，绝不是靠简单的打骂和严厉的管教就能实现的。

## 跟《爸爸去哪儿》，学做好爸爸

2013年下半年，湖南卫视一档亲子互动节目——《爸爸去哪儿》红遍大江南北，可谓家喻户晓。在这12期节目中，让我们见证了五对父子（女）携手共同成长、收获无数感动的全部历程。从五位爸爸最初的手足无措、心烦意乱，到最后的游刃有余、喜极而泣，既给我们带来无数欢笑与泪水，也带给我们太多感动和思考。

由于纯真的孩子们的加入，大大降低了爸爸们掩饰和作秀的机会，所以展现更多的是真实的生活场景。通过真实的镜头，每一位爸爸的教养观念和教育方式，也让我们一览无余。虽然他们在教育孩子时都有一些值得肯定和借鉴的地方，但也时时处处暴露出他们在面对孩子时的心力交瘁、在教育孩子时的黔驴技穷。

其实，节目中的五位爸爸，各有特色，我认为都可以用一句话概括：张亮是一位有办法的爸爸，教育孩子比较有方法；林志颖是一位有理念的爸爸，尊重孩子，教育理念比较现代；田亮是一位有温情的爸爸，对女儿总是很温柔，充满温馨；郭涛是一位有道理的爸爸，喜欢给儿子讲道理，很多时候讲得头头是道；王岳伦是一位肯放手的爸爸，因为方法不多，所以更舍得放手让孩子独立成长。

单就某一位爸爸来说，他们中的大多数也许都还算不上好爸爸。但对于已经为人父的更多爸爸来说，如果我们能从每一位爸爸身上学习他们的长处，避免他们的不足，那么，我们就一定能成为一位好爸爸。

第一，好爸爸需要好方法。

张亮是五位爸爸中最年轻的爸爸，也是节目中出现的第一位搞不定孩子的爸爸。当他们第一天看房的时候，刚开始，儿子天天死活不肯去看那些既破又臭的老房子，貌似走投无路的爸爸，在关键时刻却灵光乍现，先教会儿子憋气，再把儿子抱着走。最早闹情绪的天天，在后来的表现却超乎想象。

相对来说，张亮教育孩子比较有方法，当大部分爸爸都在对孩子采取说教的方式时，他却想了很多方法走进孩子的内心世界，比如第二期节目中就采用了角色扮演的游戏。

他不但对自己的孩子有方法，对其他孩子也能很快找到适合他们的方法，比如在交换爸爸的环节，当通过大哭大闹来抗议交换爸爸的Angela 遇到张亮时，立马就停止哭闹；当林志颖始终搞不定Cindy、临时跟张亮互换后，Cindy立即恢复"女汉子"的本色。

现实生活中的很多爸爸，之所以不愿投入时间和精力陪伴孩子，其中一个重要原因就是自己经常搞不定孩子，在孩子面前遭遇到的一次又一次的无助和无奈，给爸爸们带来很大的挫败感。久而久之，他们就开始远离这些"淘气鬼"和"调皮蛋"，干脆把孩子丢给妈妈和老人或保姆，自己做起甩手掌柜来。

其实，只要我们多观察和了解自己的孩子，多学习借鉴别人的育儿方法，多花时间跟孩子在一起，就一定能找到应对孩子的好方法，同时也会收获陪伴孩子成长的乐趣和享受。

第二，爸爸需要好理念。

作为一位台湾爸爸，林志颖的教育理念更显现代，更接近西方社会倡导的民主、平等的育儿理念。最明显的一点就是他非常尊重自己的孩子。比如，林志颖在跟孩子说话时，大多数情况下都是蹲下去平视孩子，大陆的爸爸很多时候都是站着对孩子说话；当Kimi提出把死蜘蛛捡过来当玩具时，林志颖毫不犹豫地满足儿子的探究欲，而当Cindy提出想喝啤酒时，田亮却用一句"小孩子不可以喝啤酒"来遏制女儿的好奇心。

在对待孩子的一举一动中，我们就能看出家长的教养观念。对待孩子的同一件事情或者同一个问题，家长抱持不同的理念，就会有不同的教养方式。很多爸爸"教子无方"的背后，其实反映的是他们不愿意也不善于学习一些好的教育理念，而是传承自己的父母养育孩子的观念和方式。当教育理念没有做到与时俱进，一些爸爸就会采用简单甚至粗暴的方式处理孩子的问题，比如节目中年龄最大的那位爸爸——郭涛。

第三，好爸爸需要懂温柔。

五位爸爸中，田亮也是一位年轻爸爸。虽然他的教育理念不如林志颖现代，教育方法也没有张亮多，但是他对女儿却始终充满温情，无论是Cindy 大哭大闹，还是跟其他小朋友发生冲突，田亮都采用以柔克刚的方式对待，从不对孩子随便发脾气，更不会采用打骂等较为严厉的方式处理。同时，他对自己的女儿也非常了解，清楚地知道不能用冷处理的方式来对付Cindy 的发脾气，只能温柔地接纳孩子的情绪。

由于大多数男人的性格特征中缺少温柔、耐心的一面，所以在面对孩子哭闹或发脾气的时候，往往就难忍心中怒火，容易采用针尖对麦芒的方式解决。其实孩子哭闹或发脾气，都是有原因的。

如果孩子气质中的某方面受到侵犯，就会做出强烈的愤怒反应。比如，出去玩的时候，事先说好的行程安排突然改变，适应力差的孩子就可能会爆发。遇到这种类型的发脾气，爸爸就要学会温柔地接纳孩子的这种情绪，最好的做法就是先给哭闹的孩子一个大大的拥抱，让孩子感受到爸爸对自己的关爱。同时，我们需要耐心引导，帮助孩子说出自己的感受。在这个方面，田亮相对来说就比其他几位爸爸做得更好。

第四，好爸爸需要讲道理。

郭涛是年龄最大的一位爸爸，而他的教养观念和方式，相对比较传统，比如对孩子比较严厉、喜欢说教等。这一点，石头在交换爸爸的环节向"临时爸爸"强烈表达过，郭涛自己也在后面的节目中有很多反思。虽然他总是喜欢给石头讲道理，导致孩子很多时候比较抵触，但是他给孩子讲道理的水平还是不错的，会把一些复杂的道理讲得头头是道，也许这跟他的职业演员身份有关。

教育孩子，当然不能老是采用说教的方式，但有时候还是需要的。尤其是当孩子逐渐能理解一些道理的时候，我们偶尔通过讲道理的方式，可以让孩子明辨是非，引导孩子慢慢形成自己的人生观和价值观。要把道理跟孩子讲清楚，爸爸首先就得提高自己的表达能力和沟通能力，尽可能把一些大道理讲得通俗易懂，最后能让孩子真正明白自己所讲的道理。

第五，好爸爸让孩子独立。

无论教育理念还是教育方法，跟其他几位爸爸相比，王岳伦都稍逊一筹。不过正是这个原因，导致他对Angela更舍得放手，他在节目中的一句话"我家宝贝从来不让我操心"就是最淋漓尽致的体现。

由于他平时照顾孩子比较少，也没有太多教育孩子的经验，所以他反倒肯放手让孩子独立成长。对于孩子能做的事情，他就会尽量鼓励她自己完成；对于孩子自己的想法，他就会尽可能给予尊重。正因为如此，Angela跟同龄的Kimi相比，即使是女孩，她的独立性也更胜一筹。

　　哈佛大学的一项研究表明：人的发展有两个方向，一是亲密性，二是独立性。母亲的天然优势是培养孩子的亲密性，而父亲的天然优势是培养孩子的独立性。跟妈妈相比，爸爸更愿意对孩子放手，更鼓励孩子尝试和冒险。爸爸的一个重要任务，就是要在青春期前后，把孩子从对妈妈的依赖中分离出来，让他成为一个独立的人。

当父母都能真正拥有自我的时候，孩子自然就会拥有自己的人生。如果父母能够开心地做自己，视野就能看得更远，心胸就能放得更宽，心态就能摆得更平，才能真正用心地做父母。

# 35. 开心做自己，才能用心做父母

曾有一位网友向我咨询："我的女儿刚上一年级，非常粗心。每次的大小考试如果她不粗心，那肯定都是满分。可她总是都会犯些小错误，我非常头痛，也好困惑，只要她没考到100分，我的心情就会很差很失望。因为我的时间大多数都花在她的身上，有时我生气时还会打她，但还是没有效果。比如昨天的英文单元考试，她全做对了，本来应当是100分的，但是老师扣了她10分，就因为没有写名字。我女儿也有很多的优点，她非常大气，很懂得分享，也超级听我的话，而且很有礼貌，非常善良，很懂得心疼妈妈。"

我听下来，她的女儿已经非常棒了，可是家长的这段话仍然流露出内心的焦急和惶恐。我给这位妈妈提出以下几点建议：

"首先，你需要做些改变，尤其是心态，不要太急，孩子犯错是很正常的；其次是打的方式，我不赞成，有时候打了也没有用，你自己也意识到了，因为名字没有写被扣分这件事，你要多接纳和宽容孩子；最后，你的心里除了孩子，也要有自己，听下来你应该是全职妈妈，既要用心教育孩子，更要开心做自己。"

其实，类似的情况在现实生活中比比皆是。如果父母的内心不够强大和坚定，自身的能量不够丰富和持续，我们就难以从容、轻松地面对孩子成长过程中的很多"问题"或困惑。

虽然我们无法永远控制孩子的情绪和行为，但是，我们可以恰当管理自己的情感和行为，从而通过自身的言行引导孩子学会管理自己的情绪、控制自己的行为。要做到这些，首先就需要父母拥有开阔的心胸和强大的内心。因此，只有开心地做自己，才能用心地做父母。

## 别为了孩子，而丢了自己

曾经在一篇文章中看到这样一组数据：国际慈善组织"救助儿童"将160个国家分为三个组别进行了"妈妈幸福指数"的调查，其中第一组为发达国家，第二组是发展中国家，第三组是较落后国家。在公布的"妈妈幸福指数"排名中，第一组发达国家共有43个，北欧国家挪威名列第一，南半球的澳大利亚排第二，第三至第五也被北欧国家冰岛、瑞典和丹麦夺得。而中国，在77个发展中国家中排名仅第18位。

文章还分析了导致中国妈妈不幸福的根源。其中有一条是，中国妈妈太无私，最具奉献精神和牺牲精神。并详细说明，很多女人都有这样的感慨：当妈后没了自我，变成了一颗只围绕孩子转的卫星。与丈夫相处的时间少了，与朋友的联系少了，与社会的接触少了，业余的兴趣少了。为了家庭和孩子，推掉了单位组织的大多数聚餐和旅游活动，甚至放弃原本骄傲的事业，无论是心甘情愿还是被迫无奈，似乎只有这样"全心全意"的付出，才称得上称职的好妈妈。

毋庸置疑，每一个人成为父母后，从内心都希望成为称职的父母，都愿意孩子顺利成长。但部分父母最后会走向两个极端：一部分父母，总是喜欢仰望别人教育孩子的美好星空，而自己身体力行时却又自惭形秽，经历一时的热血沸腾后，很多美好的想法瞬间化为泡影；另一部分父母，总是担心孩子受苦受累，为了孩子赴汤蹈火在所不惜，甚至牺牲自己的一切，久而久之完全失去自我。

回忆我们的一生，很多人最难忘的人可能就是自己的母亲。而中国的母亲，应该可以算是全世界最吃苦耐劳的母亲了，对孩子、对家庭，她们总是全心全意不计回报地付出。但到头来，很多母亲的付出却没有在自己的"幸福指数"上得到加分，相反还丢分不少。

一个典型的"好"母亲的一天，一般是这样度过的：早早起床把热腾腾的早饭准备好，然后叫孩子起床，伺候孩子吃好早饭，再把孩子送到学校。然后匆匆赶到单位忙碌工作。下班后赶快到菜市场买菜，再回家做饭、收拾房间。等全部弄好往往已经晚上七八点钟了。这时，孩子的学习需要辅导，有些甚至还要陪读，一直要陪着孩子做好作业上床睡觉。基本上到了10点以后，才有时间做自己的事情。周末，也大多是拼命转战于孩子的各个兴趣班或辅导班之间。如此一来，很多妈妈已经完全没有自己的时间了。

一些父母，把家庭和孩子当成了自己的全部，家庭的成功和孩子的成功就是自己的成功，自己的梦想借由孩子的未来实现。于是，妈妈的时间和精力全部围着孩子转。正因为一切围着孩子转，所以，在妈妈的世界里，真实的自己已经被家庭所代替，被孩子所代替。对孩子，事事操心，不愿放手。对自己，则是事事不关心，克己奉"公"。

其实，作为父母，无论是全职妈妈还是职场人士，都不要因为自己的无私奉献而彻底失去自己。每一个人都有自己的人生，无论父母还是孩子。当我们彻底失去自己的同时，往往孩子也会在窒息中失去自我。

真正的好父母，应该是心里既装着孩子，也给家人和朋友留有一席之地，当然还有自己。我们不仅要围着孩子转，还要有自己的圈子，偶尔也要给自己放个假，干点自己想干的事情。这不仅仅是从烦琐的家务中解脱出来，还要从思想上解放出来，从一切为了孩子、以孩子为中心的思维中解脱出来。

## 父母的心态，决定孩子的未来

所有养育孩子的恐惧、焦虑、急躁和痛苦，归根结底都源自父母的心态。父母的心态，很多时候决定孩子的状态，很大程度上也决定孩子的未来。如果家长心态不好，孩子承受的痛苦往往比家长更大。

父母到底该给孩子什么？是为他们的前程铺好路，为他们做好人生中每一个重要抉择，让他们尽量少经历痛苦，还是……

让我们重温19世纪英国著名的教育家斯宾塞曾经说过的一段话："孩子，我无法牵着手把你从这里带到那里，这条路你必须自己去走。我能够真正向你承诺的，只是对你坚定不移的支持。我会给你一些指引，把我的经验告诉你，但这代替不了什么，一切得由你自己决定，做出选择，并承担责任。"

著名作家冯骥才曾经说过这样一句话："风可以吹走一张白纸，却无法吹走一只蝴蝶，因为生命的力量在于不顺从。"孩子是独立的人，我们没有办法让他们都依照我们的想法行事，也无法按照我们的期望来打造他们的未来。让孩子为自己的未来负责，我们能给予他们的只有爱、支持和适当的指引。

也许家长还觉得这个功利、焦虑的环境没有办法改变，但其实改变自己的观念，甚至就能改变中国的教育现状。如果每位家长都顺应孩子的天性培养"孩子的学习动力"，而不是强调"不输在起跑线上"；每位家长都希望培养孩子成为独立的"人"而不是应考的"机器"，教育就变了。有什么样的教育，就有什么样的明天。

## 调整好心态，开心做自己

那么，我们究竟如何调整自己的心态呢？

（1）别把孩子当作自己的私有财产。

因为人们在日常生活和工作中，总是过度关注"我"和"属于我的"，所以常常背负着沉重的包袱，并时刻反映在教育孩子的问题上。我们什么时候能够放下，日子就能过得轻松自如，工作就能干得心安理得，父母就能做得游刃有余。

孩子不是父母的私有财产，我们只是有机会照顾而已。孩子有自己的人生，我们也有我们的人生。养育孩子的过程中，如果我们懂得了这个道理，很多东西就容易放下。

纪伯伦在《论孩子》中写道："你们的孩子，都不是你们的孩子，乃是生命为自己所渴望的儿女。他们是借你们而来，却不是从你们而来，他们虽和你们同在，却不属于你们。"

　　真正把这段话理解透彻，父母的心态就容易摆正。但要做到这一点，却并非易事，需要我们不断修炼。

　　（2）转变功利主义的价值观。

　　孩子的成长本来是一件很自然的事情，反倒是成人的功利心态扭曲了很多孩子成长的过程，消耗了孩子内在成长的能量。其实，孩子的成长过程中还有很多无法预料的外部因素，如碰巧遇到的人、碰巧遇到的环境、碰巧遇到的机会，等等。任何一个孩子的人生，永远都无法按照预先设定的轨道前行，我们不能急功近利、揠苗助长。

　　当下的社会是一个鼓励竞争至上、鼓吹成功第一的社会，社会整体的价值观偏向"名"和"利"的一端，而家长们"救救孩子"的呼声无处不在、无时不有，但基本上只有两个办法可以实现：一个是整个社会的成功取向改变，但这肯定是一个漫长的过程，我们的孩子等不起；还有一个办法就是，家长改变自己的心态，为孩子营造一个良好的家庭小环境。

　　虽然我们无法改变外部环境，但我们可以改变对外部环境的看法。首先改变我们对成功的衡量标准：一个人意识到自身的价值，并愿意为了自身的生命价值和荣誉而战，这才是真正的成功！

　　（3）调整焦虑和急躁的心态。

　　曾看到这样一条微博：从新加坡到民丹岛要坐55分钟快轮。乘客八成以上是国内来的同胞。闸门一开，大家争抢着涌向甲板。我听到裹挟在人群中两位外国游客的声音。一位问："这船难道不会等我们吗？"另一位问："不是人人都有座位吗？"被后面的乘客推着向前冲的我，苦涩地回味着这两个问题：手里握着船票的争先恐后的我们，到底怕错过什么呢？

这种拼命争抢、害怕错过、急不可耐的心态，完全浓缩在乘船时你推我搡的那一刹那。此情此景也早已在养育孩子这件事上体现得淋漓尽致。"不是人人都有座位吗？"但我们总想自己的孩子坐在最好的位置，所以才有争先恐后的那一幕。

考试和分数，对于全世界的孩子而言，都是逃不掉的魔咒。但能否把孩子的成长和成绩看得同等重要，能否不唯分数是从，能否给孩子更多成长空间，家长是有选择的。分数并不会跟随孩子一辈子，但人格和品行却会伴随孩子终身。如果在家长眼中，永远没有所谓的"差生"，把心态放下了，纠结自然就会消失！

（4）拥有积极乐观的人生态度。

父母的价值观不坚定，孩子就容易学会投机取巧；父母经常抱怨指责，孩子就容易学会消极思考。如果孩子长期抱着投机取巧和消极思考的心态，父母一定会遇到很多教育的问题。

克里希那穆提曾说："我们就是世界，我们的问题，就是世界的问题。"这个世界如何，就取决于每个人的人生态度。孩子是否积极，很大程度上取决于家长的心态。积极的人在危险中看到机遇，消极的人在机遇中看到危险。

总而言之，当父母都能真正拥有自我的时候，孩子自然就会拥有自己的人生。如果父母能够开心地做自己，视野就能看得更远，心胸就能放得更宽，心态就能摆得更平，才能真正用心地做父母。

# 附　录

## 家长试读本书后的感言

看完付老师写的这本书，让人受益匪浅，原来孩子的今天，不管是对的还是错的行为，很多时候都是家长们之前种下的果。孩子出生时是张白纸，家长的行为就是那五彩的笔墨，每次的教育行为都已经写在上面了。如果你给孩子的自由过多，那以后他就会向你想象不到的方向发展；如果你让他知道有所畏惧，那他就不会蛮横无理。

从孩子呱呱坠地的那刻，我们父母就要用科学的方法对待孩子的各种行为，可惜我们很多时候都没有做到。付老师的这本书正好可以给家长们指点迷津，让我们对孩子的成长规律有更深刻的理解。同时也让家长们在生活中面对"熊孩子"的时候，有了更多法宝。孩子小的时候，家长正确疏导孩子的不良情绪，让孩子拥有较好的自控力，长大以后就不会做冲动的魔鬼。

*4岁男孩蔡昊辰妈妈*

很欣喜地看到付老师这本新书的出版。书中特意选取自控力这个我们成人也需要重视的话题，让我们认识儿童的特性，也认识到我们自己，在对待儿童某些行为时，不觉得走入了教育的误区。

我们要求严格教育孩子，却让自己也陷入了情绪怪圈，没能起到教育的作用，反而导致两败俱伤。我们顺应时代要求倡导爱与自由，却忽略了必要的规则和界限。教育是门艺术也是技术，每一个孩子都期待我们温柔的对待，每一个不合理也需要我们坚定而温和的拒绝。

每一个孩子成长的路都不会一帆风顺，但也不是遍地坎坷。书中非常全面地为我们提供了一系列行之有效的方法，启发着我们用乐观积极、不抱怨的态度看待问题，帮助我们更好地认识自己和孩子，让我们和孩子更好地成长，与社会更好地相融。

*8岁女孩想想妈妈*

有幸试读了付老师的这本新书，我从中受益匪浅。本书不仅从神经科学和心理学角度，对培养儿童自控力进行理论层面的诠释，而且列举了现实生活中很多活生生的儿童自控力缺乏的实例，更有详尽的针对每个年龄阶段身心特点，如何培养自控力的具体方法。我们应该基于什么理论，应该如何分年龄、分阶段地培养孩子的自控力，付老师深入浅出，娓娓道来。

读了这本书，让我意识到，在适当的时期用适当的方式来培养孩子的自控力是非常必要的。同时，我对什么是儿童的自控力以及如何去培养儿童的自控力有了较为深刻的认识，从而指导自己科学育儿。作为一个3岁孩子的妈妈，我很关心孩子的教育。在读了一些家庭教育方面的书籍后，我认识到我应该给孩子爱与自由的成长环境，但是有时候确实不知道如何把握爱与自由的度。但是此书让我认识到：任何自由都是相对的，这个世界没有绝对的自由；培养自控力和提供爱与自由的成长环境其实并不冲突。自控力是强调儿童内在的自我调节行为的能力，而爱与自由是外在的成长环境。自控力也需要在爱与自由的环境中用正确的方法培养，而不是以前我们认为的强行制止儿童的不当行为和盲目地延迟给予，等等。此书对所有的父母和从事教育的工作者来说意义重大，期待此书的出版！

**3岁男孩果果妈妈**

这本书除了付老师一如既往的以例说理的风格，更增加了专业精准的科学术语。虽然理解起来要费些劲，但从心里愿意接受这些科学的育儿知识。

女儿属于书中提到的"慢热型气质"。一直以来我总是强调她要有礼貌，要听话，有时还会控制不住自己而对孩子动手……结果，我发现孩子变得越来越顺从，越来越胆小。我意识到该转变方向了，就放开了对她的管教。后来，新的问题又产生了，由于尺度把握得不够好，成了放任自流。她不愿洗脸、不愿洗澡、吃饭手里玩玩具、动辄谈条件、要的东西想要立马实现，一不如愿就躺在地上哭闹……

我想这就是书中提到的"自我控制"、"自我管理"、"情绪表达能力"、"情绪认知能力"以及"情绪调节能力"的缺乏吧。以后，在这些方面我和孩子的爸爸一定要多多下功夫，多多动脑子才行啊。

付老师写的《陪孩子一起上幼儿园》，我经常复读，并在上面勾画记录。读完《培养儿童自控力：让孩子管好自己》这本书，我更觉得育儿知识的匮乏，并明白了要想管好孩子，父母必须先要掌握很多科学知识，并管好自己，要了解孩子的气质，要智慧地、随机应变地去管教，才能"对子下方"，而不是单纯地给予自由或者单纯地武力管教。

*3岁女孩的妈妈宫飞燕*

很感谢付老师这么好的一本书！看了以后让我更深入地了解孩子。孩子很喜欢发脾气，一发脾气就扔东西，躺在地上滚来滚去地大哭！上街看到玩具就一定要买，不买就坐在地上哇哇大哭！真的很无奈，孩子这样是无理取闹还是怎么了！实在不懂得管教，她哭我也束手无策，但还是会骂她甚至动手打她！

读了这本书，我才知道小孩有情绪是非常正常的，也需要尊重！从现在起，我将按照这本书里面的理论和方法，来矫正孩子的不良习惯和暴躁脾气，培养孩子的自控力，做个智慧的妈妈。

*5岁女孩桐桐妈妈*

我的儿子今年6岁多，是一年级的小学生，在过去的六年里，我一直关注孩子的情商培养，情商就是情绪智商，识别自己的情绪，控制自己的情绪，发泄自己的不良情绪。自控力中的"控"不是束缚、压抑，而是引导。比如，儿子达不到自己的目的而发火的时候，我先安抚他，先转移他的注意力。等孩子冷静后，我和孩子爸爸会还原情境，让孩子自己分辨哪些行为是可以接受的，哪些是需要改善的。

孩子是一个独立的人，他不属于任何人，他属于整个世界。他不能依靠任何人，他只能依靠自己。他没有任何捷径可以走，也只能和我们一样一步一步、曲曲折折地走向成熟。这是付老师书中的一段话。我们爱孩子，就要给孩子机会，成长的机会，失败的机会，享受人生的机会！能控制自己情绪的人，也能掌握自己的命运！

*6岁男孩大圣妈妈*

看完本书，我想说我们家就有那么个"熊孩子"，脾气死倔，认死理。他所要求的必须马上满足，迟一会儿就会"大闹天宫"。讲道理，摆事实，他就是不听。这种应该是属于自我控制能力较差吧！

本书让我受益匪浅，感觉书中所描写的，完全就是我家的翻版。随意爬高，上街不让人拉手……看来日后一定要与他共同制订家庭规则。让他学会保护好自己才是第一位的。感谢此书让我在育儿路上有经验可以参考。育儿即育己，没有哪个人天生就会做父母，只有在不断的学习中找到最适合自己的育儿方法。最后我想借一位作家对子女的赠言——"不求别人乱拍手，只求别人暗点头"，与各位妈妈共勉。

*3岁男孩安安妈妈*

在试读过程中，我一直在回想27个月大的女儿这两年来在自控力方面的表现。比如在睡眠上，平时一到晚上我们就习惯性地抱着她跟家里的大人、家里的玩具以及各种物品一一说再见。然后进屋脱衣服，说："×点了，该睡觉啦！"然后关灯把她放床上，或唱歌或讲故事慢慢哄睡。养成了习惯后一直延续至今，很多人对我家孩子现在到点就会说要去睡觉表示羡慕，这是从小就培养的结果。

原以为我已经做得很好了，看完这本书以后，我才发现对于孩子自控力方面的知识还是不够，比如：各种性格的孩子该如何调节，培养自控力的关键时期，孩子的情绪发展解读，孩子的性别差异，引导孩子自我管理、自我表达，以及制订计划，智慧惩罚，这些都是我还有待改进的地方。这本书中对这些都有比较详细的指导，很值得让人买回家仔细阅读。

*2岁女孩沐卿妈妈*

我的儿子刚3岁，在学校（2岁多就上幼儿园的小小班）老师说表现很不错，自理能力很强，做事情很专注，这就是付老师所说的自控力吧！

看完这本书感触很深，孩子的自控力是很广很新的一个概念，让妈妈们很难hold住，尤其是孩子过了3岁的妈妈们那个懊悔，怎么没早点看到这本书，往后怎么挽救以前没有发掘的自控力、没有规范好的自控力？"眼窝前额皮质"在3岁后几乎就不再发育，心里焦虑的妈妈看到书后就会给付老师打电话咨询，这将如何补救呀？别急，这些问题书里都有答案的。

3岁男孩轩妈妈

看完付老师这本书后,我感觉自己特别幸运。因为我的儿子刚好2岁半还不到3岁。以前我总以为孩子有些任性随他去,等大了就好了,但是发现他越大脾气也越来越大了。看完后,我觉得不能再这样下去了,越大越难管了,让孩子学会自我控制已经不能再等了。所以最近都在注意从日常生活的小事情开始培养,比如早上起来自己穿袜子,当有想要的东西的时候让他学会等一等。总之,培养自控能力要从小事做起,也不能操之过急,特别是像我家儿子一样不是很独立的孩子。突然之间,如果所有的要求都让他完全达到,比较困难。慢慢引导吧,要有耐心,也要学会如何引导。

2岁男孩亦轩妈妈

在这本书第一章里,看到"熊孩子"这个代称时,我觉得这个名字很好笑,唉,好吧,不得不说我家小宝也在"熊孩子"一列。小宝现在入园半年了,不怎么听老师指挥,有点儿我行我素的意思。原来以为孩子上一段幼儿园会好点儿,我也一直在反思我们平时对小宝的教育,可总不得要领。很庆幸在孩子6岁前看到这本书,能让我及时意识到孩子自我控制能力培养的重要性及大人对孩子粗暴的不良影响。

当我们用大人认为的规则去规定孩子的时候,可没考虑到孩子的感受，大人平时对孩子粗暴的态度和行为，对孩子性格的塑造没起到积极的作用，反而是把孩子推到了"熊孩子"的行列。孩子有问题都是大人的问题，一直以来我觉得我给孩子都是最好的，觉得孩子小，对他作的决定就是最好的决定（差一点儿就加入了"直升机"父母的行列了）。付老师的书给我上了一堂很重要的课，尤其看到后面几个案例时，令我挺震撼的。

4岁男孩森森妈妈